비판적 사고 가르치기
: 실천적 지혜

bell hooks 저

이다현 · 박상옥 역

박영story

비판적 사고 가르치기: 실천적 지혜

벨 훅스

“인간은 질문을 함으로써 존재하게 되었기 때문에 인간 존재는 세상을 변화시키는 근원이다. 질문하는 행동은 존재하기 위한 핵심적 요소이다. 본질적으로 인간 실존은 예기치 않은 일, 의문, 위험을 안고 존재한다. 결국 이 모든 것 때문에 인간은 행동하고 변화시킨다.”

– 파울로 프레이리

질문하기 위한 학습: 해방의 교육학

(Learning to Question: A Pedagogy of Liberation) 중에서

가르치기: 서문

1950년대 켄터키주의 흑백 분리학교에 처음 입학했을 때 나는 운좋게도 나와 다른 학생들을 진심으로 걱정해 주었던 아프리카계 미국인 선생님들에게 배웠다. 우리는 "좋은 교육(good education)"을 받았다. 이 선생님들에게 "좋은 교육"은 단지 우리에게 지식을 전해 주고 직업을 준비하도록 하는 것이 아니라, 사회적 정의 특히 인종 평등을 위한 투쟁에 지속적으로 헌신하도록 장려하는 것이었다. 그들은 교사는 항상 인간적이어야 한다고 강하게 믿고 있었다. 그들의 뛰어난 지성과 윤리적 도덕성 덕분에 나는 학교에 대한 인식을 형성하였고, 학교에서 알고자 하는 열망이 자라나고 커졌다. 분리학교의 교사들은 우리가 대학에 가기를 기대했다. 그들은 W.E.B. 두보이스(DuBois)[1]의 정신에 영향을 받았다. 그는 1993년 흑인들의 고등교육에 대한 글에서 다음과 같이 주장했다.

> 우리는 가능성 있는 미래를 손에 쥐고 있습니다. 그것은 바람이나 의지가 아닌 사고, 계획, 지식 그리고 조직에 의한 것입니다. 만약 그들 자신과 그들의 역경, 스스로를 보호하고 인종적 편견에 싸우는 방법을 아는 미래 세대 미국계 흑인들을 대학에 보낸다면 우리가 꿈꾸는 세계는 이루어질 것입니다.

---

1) William Du Bois. 미국 클라크애틀랜타대학교 사회학 교수. 전미유색인종지위향상협회의 창설자로서 인종 차별, 특히 흑인들에 대한 교육적 불평등에 대해 지적했다. (역자 주)

우리는 교육이 자유를 향한 확실한 길이라고 배웠다. 교사들은 우리를 안내했고, 우리에게 자유를 향한 길을 보여주었다.

나는 대학에 입학해서 정말 놀랐다. 교실에서 학생들에게 권위주의적인 힘을 행사하고, 우리의 영혼을 으스러뜨리고, 우리의 마음과 몸을 비인간화하는 것에 즐거워하는 교수들이 있었기 때문이다. 나는 대부분 백인 위주인 스탠퍼드 대학에 입학하였다(흑인 학교에 비해 재정보조가 나았기 때문이다). 하지만 나는 인종주의자 교수들과 공부하는 것이 어떨지에 대해 절대 생각해 보지 않았었다. 물론 업신여기고 불친절했던 인종주의 교사가 있는 고등학교에 다녔었지만, 나는 대학의 낭만을 그렸었다. 나는 대학은 공부하는 데 너무 바빠서 이 세계의 옹졸한 것들, 특히 인종주의에 할애할 시간이 없는 학습의 천국 같을 것이라고 믿었다.

우리는 백인 학교와 대학에 입학했던 1세대 흑인 학생들에 대한 더 많은 자서전적 설명이 필요하다. 당신을 온전한 인간이라고 믿지 않는 교사에게 배우는 것이 어떨지 상상해 보라. 스스로를 인종적으로 뛰어나다고 믿으며, 그들이 가르치는 학생이 학습할 능력이 없다고 정말로 믿고 있어서 그들 스스로를 낮출 필요가 없다고 생각하는 교사에게 배우는 것이 어떨지에 대해 상상해 보라.

우리는 보통 어떤 백인 교수가 공공연하게 우리를 싫어하고 있는지 알고 있었기 때문에 필수과목이 아닌 이상 그들의 수업을 피했다. 우리 대부분이 강력한 반인종주의 시민권 투쟁이 일어났을 때 대학에 왔기 때문에, 우리는 투쟁에서 동지를 찾으리라는 것을 알았고 실제로 그러했다. 놀랍게도 학부 남성 교수의 거리낌 없는 성적 차별은 그들의 은밀한 인종 차별보다 더 가혹했다.

인종적 변화라는 이 이상하고 새로운 분위기 속에서 학교에 가는 것은 신나기도 하고 위협적이기도 했다. 그 시절에 대부분의 사람은 평등과 민주적 교육의 새로운 시대가 왔다고 외쳤지만, 실제로 인종, 계급, 그리고 젠더[2)]의 오랜 위계질서는 그대로였다. 그리고 새롭게 만들어진 의식 절차들로 인해 위계질서들이 지속되었다. 한편으로 우리는 다른 사람들처럼 자유롭게 연구하고 학습하였고, 다른 한편으로는 다른 사람들과 같지 않다는 것을 지속적으로 인식하였다. 이 두 개의 세계가 협상하고 있었고, 이것이 나를 헷갈리게 했다. 나는 학습하고 싶었고, 학습하는 것을 즐겼지만, 대부분의 선생님을 두려워했다.

나는 교사가 되기 위해 대학에 갔지만 가르치고 싶지 않았다. 나는 작가가 되고 싶었다. 나는 얼마 지나지 않아 작가가 그저 긴 시간을 허비하는 일을 하는 사람이 아니라는 것을 알았고, 가르치는 것이야말로 작가가 할 수 있는 최고의 직업이라는 것을 받아들이게 되었다. 대학원을 졸업할 때까지 나는 모든 종류의 교사를 접하게 되었다. 자유의 실천을 위해 가르치는 진보적 교사들이 예외적일지 모르지만, 그들의 존재는 나에게 영감을 주었다. 나는 그들을 본받아서 학생들이 자기 주도적(self-directed) 학습자가 될 수 있도록 돕는 교사가 되고 싶었다. 나는 초등학교부터 대학까지 지식의 힘을 계속해서 보여주었던 진보적 여성과 남성(흑인과 백인) 교사로부터 영향을 받았고 그런 교사가 되고 싶었다. 이들은 교사가 자유의 실천을 위해 교육할 수 있다는 것을 보여 주었다.

교실에서 학생들의 자기개발과 자아실현을 촉진시키면서, 나는 곧 가르치는 것을 사랑하게 되었다. 나는 교실을 사랑했다. 또한 내가 교육받는 시간 동안 경험했던 힘의 남용이 여전히 흔하게 일어나고 있다는 사실에 심각하게 혼란스러웠고, 그래서 이것에 관해 쓰고 싶었다.

---

2) 젠더(Gender): 생물학적 성에 대비되는 사회적인 성을 의미한다. 이는 역사적·사회적·문화적으로 구성된 것으로 성별로 인한 규범, 즉 어떤 사람을 여성/남성이라고 인식할 때 작용하는 구별의 형식이 있음을 드러낸다. (역자 주)

나의 오랜 편집자인 루트리지 출판사의 빌 제마노에게 가르침(teaching)에 관한 에세이를 쓰고 싶다고 처음 말했을 때, 그는 걱정했다. 그는 내가 교육학 교수가 아니라는 것을 상기시켜 주면서 그런 책을 원하는 독자는 아마 없을 것이라고 했다. 그때까지 나의 책은 페미니즘 이론과 문화 비판에 집중되어 있었다. 나는 파울로 프레이리가 나의 사상에 영향을 주었고, 새로운 책에서 교육학과 인종, 젠더, 계급 이슈 사이의 관계를 연구하고 싶다고 설명했다. 나의 이야기를 듣더니 항상 그랬듯이 제마노는 설득당했다. 그리고 1994년에 『경계넘기를 가르치기: 자유의 실천으로서 교육(Teaching to Transgress: Education as the Practice of Freedom)』이 성공적으로 출판되었다.

10년 후에, 관련된 교육학의 이슈에 대한 탐구를 계속하고자 나는 『가르침을 위한 공동체: 희망의 교육학(Teaching Community: A Pedagogy of Hope)』을 『경계넘기를 가르치기』의 "속편"으로 출판했다. "희망 속에서 가르치고 살기(Teaching and Living in Hope)"라는 제목의 서문에서, 나는 첫 번째 책이 놀랍게도 다양한 독자들에게 다가가, 교육에 대해서 교사와 학생이 함께 대화할 수 있는 공간을 만들어 주었다고 기술하였다.

> 지난 몇 해 동안 영어학과, 페미니즘 연구 혹은 아프리카계 미국인 연구 전공 수업보다 가르치기에 대해 교사와 학생들을 가르치는 데 더 많은 시간을 보냈다. 대화를 위한 새로운 공간을 여는 것은 단지 『경계넘기를 가르치기』란 책의 힘만은 아니었다. 나는 공적 세계에 나설 때 교사로서 열정, 기술, 그리고 완벽한 품위를 가르치기의 기술에 접목하려고 노력했다. 나는 내가 주장했던 것을 분명히 실천하였다. 실천적 지혜를 구하고자 하는 교사들에게 이론과 실천의 결합은 역동적인 예시가 되었다.

지난 20년 동안 나는 두 권의 가르치기에 대한 책에서 다루지 않았던 많은 주제에 대해 강의해 달라는 요청을 받았다. 다양한 이슈들에 대해서 논평하고, 특히 교사 개인을 압박하고 있는 문제들에 대해서 답해 달라는 요구가 있었다.

가르침에 대한 3부작의 마지막 책인 『비판적 사고 가르치기: 실천적 지혜(Teaching Critical Thinking: Practical Wisdom)』에서 나는 지난 두 책에서 사용했던 에세이 묶음 방법을 따르지 않았다. 대신 이 책에서 교사와 학생이 내 앞에서 털어놓았던 이슈와 고민들을 부각시켜서, 내가 "가르치기"라고 불렀던 짧은 논평으로 각 이슈에 응답했다. 32개의 가르치기는 방대한 이슈를 다루고 있으며, 단순한 것도 있고 복잡한 것도 있다. 다양한 관점에서 인종, 성, 계급 이슈들을 다루었다. 이러한 짧은 논평을 쓴다는 것은 흥미로웠다. 긴 에세이를 쓰지 않았다 할지라도 가르치기를 둘러싼 많은 이슈에 대해서 고려할 한 가치가 있었다. 한 흑인 여교수는 "화를 내는 흑인 여성"이라는 인종주의적이고 성차별적인 고정관념의 렌즈를 통하지 않고 교실에서 권위를 유지하는 방법에 대해 질문했다. 어떤 교사는 교실에서의 눈물에 대해서, 또 다른 교사는 유머에 대해서 말해 주길 원하였다. 인종주의자이고 성차별주의자인 사상가나 작가로부터 우리가 배울 수 있는지에 대한 질문은 특히 대답하기 어려웠다. 이야기의 힘, 학습 과정에서 대화의 본질적인 역할, 그리고 교실에서 상상의 위치에 대한 주제도 이 책에서 다루어졌다.

이 책에서 논의되었던 모든 주제는 교사 및 학생과의 대화를 통해 도출하였다. 주제들이 핵심 테마에 의해서 연결되지 않았을지라도, 이 모두는 교실을 열띤 참여와 강렬한 학습의 장소로 만들기 위한 방법을 이해하고자 하는 우리의 바람에서 도출되었다.

옮긴이의 글

학교와 지역사회에서 가르치고 연구하는 역자들에게 '가르치기'는 언제나 어려운 주제이다. 어떻게 잘 가르칠 수 있을까? 잘 가르친다는 것은 무엇인가? 그리고 가르친다는 행위에 수반되는 교사와 학생의 수직적 관계에서 오는 불편함까지 가르치기에 대한 고민은 끊임이 없다. 교육의 주체가 학습자로 전환되는 평생학습 사회 논의가 더해지면 '과연 계속해서 이 일을 해도 될까'라는 극단적 의심까지 들고는 한다. 더욱이 시민교육, 학습동아리, 주민참여교육 등 역자들의 주요 연구 주제가 평등하고 민주적 학습을 강조하기 때문에 우리에게 가르치기는 더욱 민감하고 중요한 주제이다.

문화 비평가이자 진보적 교육자, 페미니스트 운동가로 저명한 벨 훅스는 『비판적 사고 가르치기: 실천적 지혜(Critical Thinking: Practical Wisdom)』를 통해 가르침의 문제를 흥미롭게 살펴보고 있다. 특히 인종, 젠더, 계급 그리고 권력이 학습자와 교수자의 삶에 어떠한 영향을 주고 있으며 스스로 이 상황을 어떻게 극복해 왔는지에 대해 성찰적 경험을 공유해 주고 있다.

훅스는 이 책에서 단순하고, 다가가기 쉽고, 계몽적인 글로 오늘날 교실 안팎에서 가르치는 교사들이 직면하고 있는 다양한 문제를 설명하고 있다. 사실 이 책은 훅스의 전작 『경계넘기를 가르치기(Teaching to transgress)』와 『가르침을 위한 공동체(Teaching Community)』를 읽은 교사와 학생들의 강력한 요청으로 집필되었다. 그들이 훅스에게 전한 다양한 교육 문제가 담겨 있기에 이 책의 주제는 대형 강의에서 의미 있는 가르침이 가능한지에 대한 질문에서부터 교실에서 자존감, 눈물, 권위의 문제에 이르기까지 다양하고 광범위하다. 그리고 이러한 질문은 가르치는 모두가 한 번쯤 경험해 봤을 상황이기에, 글에서 묘사된 장면이 역자의 교실 상황으로 투영되어 우리의 가르침에 대한 반성으로 확장되기도 한다.

가르치는 사람에게 이 책이 반가운 것은 교실에서 억압의 문제를 우리가 어떻게 유연하면서도 비판적으로 받아들일 수 있는지에 대해 다양한 사례와 실천 경험을 통해 공유하고 있다는 점이다. 훅스가 제안한 결론은 변혁적 힘을 가진 비판적 사고를 키우는 것이다. 여기에서 비판적 사고는 도발적이고, 강력하고 즐거운 지적 작업이다. 그래서 비판적 사고를 촉진하는 수업은 평등하고, 수용적이고, 즐거워야 한다.

그렇다고 해서 이 책이 단지 가르치는 사람들을 위해 쓰인 것은 아니다. 훅스는 진정한 학습이 일어나는 교실의 책임이 전적으로 교수자에게 있지 않으며, 학습자들은 배움을 위해 무엇을 했는지에 대해 묻고 우리의 잘 삶을 위한 진실한 수업은 모두의 책임임을 강조하고 있다. 그리고 수업을 통해 모두가 함께 배움의 학습공동체를 만들어 가야 한다고 강력하게 권하고 있다.

진실한 교육과 교사에 대한 논의는 이 책에서도 여러 차례 등장한 파울로 프레이리와 파커 팔머와 같은 선구자들에 의해 이미 많이 진행되었다. 그럼에도 이 책이 특별한 것은 성차별적-자본주의-인종주의적인 현대 사회 안에서 흑인 그리고 여성으로 살면서 겪은 이중, 삼중의 억압과 고충을 들여다볼 수 있게 해 주었다는 점이다. 특히 남성 중심적이고 권위적인 학계에서 여성의 학습과 성취는 저항하고 변화시키고자 하는 존재를 위해 힘이 된다.

책을 번역하면서 훅스의 의도를 온전히 전달하는 데 어려움이 있었다. 미국의 역사와 문화, 그리고 흑인이자 여성으로 훅스가 살아왔을 상황을 맥락적으로 이해하기 어려운 부분이 많았다. 미국인이라면 금세 알아차릴 수 있을지도 모를 배경을 설명할 필요가 있었다. 충분하지 않겠지만 역자 본인과 독자를 위해 주석을 통해 설명하고자 했다. 자세한 설명이 필요하다고 생각한 사건이나 인물에 대한 정보는 문헌을 따로 찾아 검토한 후에 참고의 글을 추가했다. 무엇보다 단어 선택이나 풀어 설명하는 방식이 젠더 감수성을 충분히 담고 있지 못했을까 걱정스러운 마음이 많았다. 글의 맥락상 반드시 성을 표기해야 하는 부분임에도 불구하고 여학생, 여교수라는 단어가 차별적이라는 기계적 반응을 극복하기도 어려웠다. 특히 성별을 표현하는 대명사 '그녀'를 사용할 때 고민이 많았다. 다행히 여성의 대명사로 '그녀'를 사용하는 것이 원래 한글 표기법에 맞지 않는다는 기사(경향신문, 2018년 6월 29일)를 발견하게 되었다. 그 외에도 다른 페미니즘 서적에서는 같은 표현을 어떻게 해석하고 있는지 찾기도 하고, 훅스가 강연이나 다른 글에서 같은 내용을 어떻게 설명하고 있는지 찾아보느라 지체되는 대목이 많았다. 페미니즘을 공부하는 소모임에 열심인 학부생들에게 조언을 구하기도 했다. 그 밖에도 번역 중에 보이는 여러 가지 문제들은 역자들의 남은 공부거리가 되리라 생각해 주길 바란다.

이 책의 출판을 독려하고 그 과정을 정성스레 진행해 준 박영사의 관계자들에게 감사드린다. 무엇보다 사회 변화와 교육적 실천에 뜻을 같이하면서 역자들과 함께 학습하는 공주대학교 평생교육전공 실천공동체 가족들에게 고마움의 마음을 전한다.

공주대 교육나눔 연구실에서

역자를 대표하여 이다현 씀

차　례

가르치기 ①

비판적 사고

나의 회고록 표지에는 세 살인가, 네 살 때쯤 성경학교에서 방학 때 만든 장난감을 들고 찍은 스냅 사진이 실려 있다. 나는 이 사진을 종종 "어린 소녀 지식인의 초상화"라며 농담을 던진다. 내가 생각하는 사상가의 모습이다. 사진 속의 소녀는 손에 쥐고 있는 물건을 강렬하게 쳐다보고 있다. 그녀의 미간은 집중하고 있다. 나는 사진 속 그녀가 무슨 생각을 하고 있는지 볼 수 있었다.

생각은 행동하는 것이다. 모든 지식인에게 생각은 질문을 던지고, 답을 찾는 실험실이다. 그리고 이론과 실천의 미래가 함께하는 곳이다. 비판적 사고의 심장박동은 어떻게 삶이 작동하는지 이해하기를 갈망한다. 아이들은 기본적으로 비판적으로 생각하는 사람이 되려는 경향이 있다. 인종, 계급, 젠더 그리고 상황의 경계를 넘어, 어린이들은 지식에 대한 갈망에 사로잡힌 채로 경이로움과 언어의 세계로 진입한다. 때때로 그들은 삶의 문제에 있어서 누가, 무엇을, 언제, 어디서 그리고 왜 그랬는지에 대해 알고 싶어서 끈질기게 질문한다. 답을 찾는 동안 그들은 어떻게 생각하는지에 대해 거의 본능적으로 학습한다.

슬프지만 어린이들의 생각에 대한 열정은 그들에게 순응과 복종만을 교육하려고 하는 세계를 만났을 때 종종 중단된다. 대부분의 어린이는 일찌감치 생각하는 것은 위험하다고 배운다. 안타깝게도 이러한 어린이들은 생각하는 과정을 즐기지 못하고 생각하는 마음을 두려워하기 시작한다. 자아인식이나 자기 결정력보다 복종하는 것이 낫다는 것을 훈육과 체벌이라는 모델을 통해 가르치는 가정에서 혹은 독립적 사고는 받아들여지지 않는 행동이라고 하는 학교에서건, 우리나라 대부분의 어린이는 열정적이고, 즐겁고, 활동적인 생각하기의 기억을 억누르는 법을 배운다.

대부분의 학생이 대학 교실에 들어갈 때쯤, 그들은 생각하는 것을 두려워하게 된다. 생각하는 것을 가볍게 받아들이는 학생들은 교실에서 그들의 할 일이 정보를 소비하고 반복하는 정도라고 생각한다. 전통적인 고등교육 상황에서, 학생들은 독립적 사고가 장려되지 않는 세계 속에서 그들 자신을 다시 발견한다. 다행히도 자유의 실천으로서 교육하려고 하는 몇몇 교수의 교실이 있다. 이러한 상황에서, 생각 특히 비판적 사고는 중요하다.

하루 밤새 학생들이 비판적 사고자가 되지는 않는다. 첫째, 그들은 생각 그 자체의 즐거움과 힘을 받아들이는 법을 배워야 한다. 참여학습은 생각하고자 하는 학생들의 의지를 되찾게 하고 충분히 실현될 수 있도록 하는 가르침의 전략이다. 참여적 학습의 중심은 학생들이 비판적으로 사고하도록 하는 것이다. 다니엘 윌링햄(Daniel Willingham)은 그의 에세이 『비판적 사고: 왜 이렇게 가르치기가 힘든가?(Critical Thinking: Why It So Hard to Teach?)』에서 비판적 사고가 다음의 요소를 포함하고 있다고 설명했다.

> 사건의 양면을 보는 것, 어린 마음을 불편하게 하는 새로운 증거에 열려 있는 것, 공정하게 추리하고, 증거에 의해 주장이 뒷받침될 것을 요구하고, 이용 가능한 사실로부터 결론을 유도하고 추론하고, 문제를 해결하는 것 등

간단히 말해서, 비판적 사고는 호기심 많은 아이가 끊임없이 질문에 대한 답을 찾는 것처럼 누가, 무엇을, 언제, 어디서, 어떻게를 찾아내는 것이다. 그러고 나서 무엇이 가장 중요한지를 알아내는 방식으로 지식을 활용하는 것이다. 『가르치기를 재정의하기(Teaching Redefined)』의 저자인 교육자 데니스 레더(Dennis Rader)는 "무엇이 중요하다"를 결정하는 능력이 비판적 사고 과정의 중심이라고 생각했다. 『비판적 사고로의 모델: 개념과 도구(The Miniature Guide to Critical Thinking: Concepts and Tools)』에서 리처드 폴과 린다 엘더(Richard Paul and Linda Elder)는 비판적 사고를 "사고를 향상시킬 기대를 가지고 분석하고 평가하는 예술"이라고 정의했다. 추가적으로 비판적 사고를 "자기 주도적이며, 자기 훈육적이고, 자기 모니터링이며 자가 교정적"이라고 했다. 생각하기와 아이디어에 대해 충분히 고려하는 것도 비판적으로 사고하는 데 필수적이다. 폴과 엘더는 다음과 같이 이야기했다.

> 비판적 사고를 하는 사람들은 당면한 목적과 쟁점에 대해 명확한 질문을 가지고 있다. 그들은 정보, 결론 그리고 견해에 대해 질문한다. 그들은 명확하고, 정확하고, 정밀하고 그리고 관련성이 있도록 노력한다. 그들은 논리적이고 공정하기 위해 표면 아래를 생각하려고 한다. 그들은 그들의 말하기나 듣기뿐 아니라 읽기와 글쓰기에도 이러한 기술을 적용한다.

비판적 사고는 교사와 학생의 공동참여를 필요로 하는 상호 작용적인 과정이다.

이러한 정의는 비판적으로 사고하려면 분별력이 필요하다는 것을 포함하고 있다. 이는 명백히 눈에 보이는 표면적 진실이 아닌 기저의 진실, 핵심을 이해하고자 하는 목적으로 생각에 접근하는 방법이다. 해체주의가 학계에서 인기를 끈 한 가지 이유는 해체주의가 사람들에게 길게, 열심히 그리고 비판적으로 사고하도록 하고, 분석하게 하고,

표면 아래로 움직이게 하고, 지식을 위해 일하도록 하기 때문이다. 많은 비판적 사고자들은 이러한 작업 중에 지적 혹은 학술적 성과를 낼 수 있을 것이다. 그러나 이는 학생들이 보편적이고 명백하게 비판적으로 생각하는 법을 학습하고 있다는 뜻은 아니다.

사실, 대부분의 학생은 비판적 사고 과정에 저항한다. 그들은 수동적으로 머물러도 되는 학습에 더 편안함을 느낀다. 비판적 사고는 교실의 과정에 참여하는 모든 사람이 관계를 맺는 것을 요구한다. 비판적 사고를 가르치기 위해 근면하게 일하는 교수는 학생들이 저항할 때 종종 낙담한다. 하지만 학생들이 비판적으로 사고하는 기술을 학습했을 때(그리고 대체로 비판적으로 사고하는 기술을 학습하는 사람들은 적다) 이는 교사와 학생 모두에게 진실로 보람 있는 경험이다. 학생들에게 비판적 사고를 하도록 가르칠 때, 나는 아이디어를 연구하고 실천의 차원에서 사고하면서 내가 누렸던 기쁨을 그들과 나누고 싶다.

열린 마음은 비판적으로 생각하는 데 필수적이다. 나는 종종 급진적 마음열기에 대해 이야기한다. 학계에서 자신의 관점에 집착하고 그것을 보호하기 위해 다른 견해를 쉽게 배제하려고 하는 것이 분명해 보였기 때문이다. 상당한 학술적 훈련을 통해 교사들은 그들이 항상 "옳아야 한다"고 생각하게 되었다. 대신 나는 교사들은 항상 마음이 열려 있어야 하고 우리가 모르는 것을 기꺼이 인정해야 한다고 제안했다. 열려있음에 대한 급진적 헌신은 비판적 사고 과정의 무결성과 교육에서의 중심적 역할을 유지한다. 이러한 헌신은 많은 용기와 상상을 필요로 한다. 『비판적 사고에서 토론까지(From Critical Thinking to Argument)』의 저자 설리반 바넷(Sylvan Barnet)과 휴고 베다우(Hugo Bedau)는 "비판적 사고를 위해 우리는 상상력을 이용해야 한다. 우리 자신이 아닌 타인의 관점에서부터 설정해야 하고 우리 자신의 입장에서 예상되는 결과를 상상해야 한다"고 강조했다.

따라서, 비판적 사고는 학생들에게만 필요한 것이 아니다. 교사들 역시 우리 모두가 항상 옳을 수 없다는 것과 지식의 모양은 끊임없이 변할 수 있다는 것을 보여주어야 한다.

비판적 사고는 교실에 있는 모든 사람으로부터 시작되어야 하기에 흥미롭다. 또한 모든 학생이 열정적으로 생각하고, 열정적이고 열린 태도로 생각을 공유하도록 해야 한다. 교실에 있는 모든 사람, 교사와 학생, 그들이 학습공동체를 함께 창조하는 데 책임이 있다는 것을 인식할 때, 학습은 가장 의미 있고 유용하다. 이러한 학습공동체에 실패는 없다. 교실에 있는 모두가 참여하고 있으며, 수업에서 우리에게 필요한 자원을 공유할 때, 비판적 사고가 우리에게 힘을 준다는 것을 알게 될 것이다.

가르치기 ②

민주적 교육

1950년대의 학교는 여전히 인종적으로 분리되어 있었으며, 인권 투쟁의 씨앗은 조용히 퍼져나가고 있었다. 사람들은 민주주의의 의미와 가치에 대해 이야기했다. 공개적 담론으로 혹은 사적인 대화로 이루어지기도 했다. 제2차 세계 대전 때 "민주주의를 위해 세계를 안전하게"라는 명목으로 나의 아버지를 포함한 흑인들은 흑인 보명대에 파병되어 많은 이가 전사했다. 그리고 그들의 시민권을 부정했던 국가에 환멸을 느끼고 귀향했다. 그러나 그들은 절망하지 않았다. 오히려 그들이 느낀 환멸은 그들이 우리나라를 진정한 민주주의 국가로 만들기 위해 국내에서의 투쟁을 촉진하는 촉매 역할을 했다. 나는 고등학교 시절 내내 장학금 프로그램의 일환으로 열리는 민주주의의 소리(the Voice of Democracy) 에세이 대회에 참가했다. 나는 미국이 민주주의에 헌신했기 때문에 우리나라가 위대한 나라이자 세계에서 가장 위대한 나라라는 견해를 열정적으로 표현하고 싶었고, 민주주의를 수호하고 유지하기 위해 모든 시민이 책임을 져야 한다고 썼다. 많은 흑인 아이들처럼 나는 우리의 민주주의에서 가장 중요한 측면 중 하나는 인종, 성별, 계급에 상관없이 모든 사람에게 교육의 권리를 부여했다는 것이라고 배웠다.

오늘날 학생들 사이에서는 민주주의의 본질에 대해 공개적인 토론이 거의 일어나지 않는다. 대부분의 학생은 민주주의 사회에서 사는 것이 그들의 타고난 권리라고 생각할 뿐이다. 그들은 민주주의를 유지하기 위해 무엇인가 해야 한다고 생각하지 않는다. 그들은 아마도 민주주의를 평등의 이상과 연결 짓지 않을지도 모른다. 그들의 마음속에서는 민주주의의 적들과 낯선 "다른 것"이 민주적 삶을 공격하고 파괴하기 위해 기다리고 있다. 그들은 우리에게 민주주의의 의미를 가르치는 과거와 현재의 미국 사상가들에 대해 읽지 않는다. 그들은 존 듀이(John Dewey)를 읽지 않는다. 그들은 존 듀이의 강력한 선언, "민주주의는 각 세대에서 새로 태어나야 하고, 교육은 그 산파입니다"를 알지 못한다. 제임스 베네(James Beane)와 마이클 애플(Michael Apple)은 교육이 민주주의적 가치를 담아야 할 필요성을 강조하며 그들의 저서 『민주적 학교(Democratic Schools)』에서 존 듀이의 말을 인용했다. 그들은 "사람들이 민주주의적인 삶의 방식을 확보하고 유지하기 위해서, 그들은 그러한 방식의 삶이 무엇을 의미하고 그것이 어떻게 유도되어야 하는지를 배울 기회를 가져야 한다"라고 덧붙여 설명했다. 선거권을 박탈당한 미국 시민이 모든 교육 기관을 바꾸려고 노력했을 때, 모든 사람은 동등한 접근권을 갖게 되었다. 투쟁에 나선 동맹들과 함께 흑인, 유색인 그리고 백인 여성들도 기회를 가졌다. 당시에는 민주주의적 가치에 대한 국가적 담론이 역동적으로 진행되었다. 이러한 담론에서 교육자들은 민주적 이상을 이루기 위한 중요한 조력자였다. 이러한 이상을 그리는 데 진심으로 사회 정의를 달성하고자 했던 그들의 지속적인 헌신이 큰 역할을 했다.

투쟁에 참여했던 많은 동맹은 백인 남성이었다. 이들이 처한 환경과 특권 덕에 그들은 교육을 민주주의의 이상이 항상 실현되는 장소가 될 수 있도록 하는 노력의 최전선에 설 수 있었다. 그러나, 민주주의 가치를 지지하는 대다수는 분열되어 있었다. 그들은 이론적으로는 모든 사람이 학습할 권리를 가져야 한다는 믿음을 표현했지만, 현실에서 그들은 특권 그룹들이 혜택을 받는 교육 기관 내에서 계급 체제 유지를 도왔다. 민주주의의 출현에 크게 기여한 토머스 제퍼슨(Thomas Jefferson)처럼 그들의 마음은 분열되어 있었다. 비록 "많은 사람을 교육하고 정보를 제공하라"라고 주장할 수 있지만, 그의 많은 업적에서 그의 마음은 분열되었다. 한편에서 그는 민주주의와 평등의 정신을 유지할 필요성에 대해 웅변적으로 말하고 쓸 수 있었지만, 다른 한편으로는 노예를 소유할 수도 있고 흑인의 기본 인권을 거부할 수도 있었다. 이러한 모순에도 불구하고, 제퍼슨은 변화를 수용하는 것이 "인간 마음의 진보"에 중요하다는 믿음을 저버리지 않았다. 그는 "상황이 변하면 인간의 태도와 견해도 달라지면서 더욱 발전하고 계몽될 수도 있다. 공공 기관들은 시대의 변화와 더불어 발전해야 된다"고 했다. 확실히 백인 지상주의-자본주의-가부장적 가치에 대한 비판이 탄력을 받으면서, 학교교육을 포함한 모든 교육은 심각하고 급진적인 변화를 겪기 시작했다.

이러한 변화에 대한 반발로 보수적인 지배자 문화는 권리를 박탈당한 그룹이 고등교육기관에 다닐 수 있도록 한 차별철폐조치(affirmative action)와 같은 공공 정책을 공격했다. 결과적으로, 권리를 박탈당한 사람들의 진입을 허용했던 교육의 문은 닫히고 있었다. 이후 사립학교의 부상은 공립학교를 약화시켰으며, 시험을 위한 교육은 차별과 배제를 강화시켰다. 그리고 인종과 계급에 기반한 인종차별은 빠르게 일반화되었다. 모든 면에서 교육을 위한 기금은 삭감되었다. 급진적 변화를 추진했던 진보적 교수들은 쉽게 매수되었다. 높은 지위와 급여는 한때 그들이 열심히 해체하려고 했던 바로 그 시스템에 참여하게 만들었다.

1990년대의 흑인 연구, 여성학, 그리고 문화 연구는 모두 개조되어, 자유와 민주주의에 대한 공개적 담론이 표현될 수 있었던 교육적 시스템 내에서 더 이상 진보적 위치를 가지지 않게 되었다. 그들의 대부분은 타락했다. 그리고 타락하지 않은 곳의 연구는 게토(ghetto)화되어, 급진적 페르소나를 갖기 원하는 학생들에게 알맞은 놀이터로 여겨졌다. 오늘날 타락의 길을 걷지 않는 교수들은 종종 주변화되거나 학계를 떠나도록 권유받는다. 우리 중 머물러 있는 사람들, 즉 자유를 위한 실천을 위해 교육에서 계속 일하는 사람들은 대기업과 기업 자본주의의 이익이 학생들에게 교육을 오로지 물질적 성공을 획득하기 위한 수단으로 독려하여 민주주의 교육이 훼손되고 있는 것을 직접 보게 된다. 그러한 생각은 지식을 습득하거나 비판적으로 생각하는 것을 배우는 것보다 정보를 획득하는 것을 더 중요하게 만든다.

민주적 가치의 핵심에 있는 평등의 원칙은 전 지구적 과두정치(寡頭政治)가 점령하고 있는 세상에서 거의 의미가 없다. 테러리스트의 공격과 위협을 사용하여 시민들에게 자유 발언과 항의가 우리 국가를 위험에 빠트리게 한다고 납득시키면서, 전 세계 정부들은 전면적으로 민주주의를 훼손시키는 파시스트 정책을 통합하고 있다. 에르베 캠프(Herve Kempf)[1]는 그의 저서 『부자들이 지구를 망친 방법(How the Rich Are Destroying the Earth)』에서 "자본주의는 더 이상 민주주의를 필요로 하지 않는다"라고 강력하게 주장했다.

민주주의는 과두정치가 추구하는 목표를 따르지 않는다. 민주주의는 부당한 특권에 대한 반대를 지지한다. 불법적 힘을 의심하며 결

---

1) 에르베 캠프(Herve Kempf)는 프랑스 최고의 지식인이자 저널리스트이다. 경제 불평등, 국제 분쟁, 생태 분야의 전문가로서 프랑스 일간지 <르몽드>에서 활동했다. 대표적인 저서 『부자들이 지구를 어떻게 망쳤나(How the Rich Are Destroying the Earth, 2008)』로 세계적인 명성을 얻었다. (역자 주)

정상황에 대해서는 합리적 검토를 요구한다. 따라서 자본주의의 해로움이 더 명백해지는 시기는 항상 더 위험하다. 우리나라의 학교를 민주주의 의식이 확립되고 번성되는 조건의 장소로 만드는 교육자가 그 어느 때보다 필요하다.

우리 국가에서 교육제도는 이론과 실천에 있어 자유 언론, 반대 의견, 다원적 견해가 존중되는 중요한 장소였다. 수잔 그리핀(Susan Griffin)은 『민주주의 천사의 고뇌(Wrestling with the Angel of Democracy)』에서 이 주제에 대해 심도 있게 고민했다. 그녀는 미국 시민으로서 "민주주의 정신을 지키기 위해서는 끊임없는 혁명이 필요하다"라고 상기시켰다. 민주주의에 대한 심오한 묵상을 담은 『미국의 치유(The Healing of America)』에서 마리안느 윌리엄슨(Marianne Williamson)은 다양성 통합의 민주적 원칙이 민주주의적 가치의 토대가 되는 방법을 강조했다.

> 미국에는 우리의 통합성에 대해 과도하게 강조하면서도 다양성의 중요성에 대해 인식하는 데 실패한 사람들이 있다. 두 가지를 존중하는 것은 필수적이다. 중요한 것은 우리의 단일성과 다양성이다. 그리고 이 둘의 상호 관계는 철학적이고 정치적 진리를 반영한다.

그리핀은 이러한 정서를 반영해서 다음과 같이 이야기한다. "민주주의에서는 가능한 모든 주제에 대해 여러 가지 관점이 표현될 것이며, 그것 대부분은 용인되어야 합니다" 민주주의 사회가 보통 다원주의인 이유가 여기에 있다. 민주적 교육의 미래는 민주적 가치가 다양한 목소리를 잠재우고, 언론의 자유를 금지시키고, 시민들의 교육 참여를 거부하는 과두정치의 정신을 어느 정도까지 이길 수 있는지에 따라 결정될 것이다.

진보적 교육자들은 자유의 실천으로 교육을 계속해서 존중하고 있다. 민주주의는 학습이 존중되고, 생각하는 능력이 책임감 있는 시민의 징표가 되고, 언론의 자유와 이의제기를 받아들이고 장려하는 환경에서 번영한다는 것을 이해하기 때문이다. 그리핀은 다음과 같이 주장한다.

> 민주적 의식에 기여하고자 하는 사람들은 편견과 추측의 경계를 넘어선다. 이는 말과 생각의 자유를 갖고자 하는 욕구와 일치한다. 이를 통해 모든 시대에서 발생하는 정치적 권력을 위한 영원한 싸움의 도구를 가지게 되고, 훨씬 더 근본적으로는 민주주의에 대한 의식을 확대하려는 욕망을 이루고자 한다.

민주주의 교육은 진정한 가르침과 학습의 기반은 민주주의가 작동하는 것이라는 가정에 기반을 두고 있다.

가르치기 ③

참여교육

참여교육은 최고의 학습은 학생과 교사가 상호 작용하는 관계를 맺고 있을 때라는 가정에서 시작된다. 지도자이자 촉진자로서 교사들은 학생들이 이미 알고 있는 것과 그들이 알아야 할 것을 발견해야 한다. 그러려면 교사들은 학생들을 겉핥기 수준 이상으로 참여시켜야 한다. 최적의 학습 환경은 교사가 교실의 정서적 인식과 정서 지능 수준을 이해하고 있을 때 조성될 수 있는데, 이것은 교사들이 그들이 가르치는 사람을 판단하는 것이 필요하다는 것을 의미한다. 많은 교사처럼 나 역시 처음 교실에서 가르치기 시작했을 때, 수업에서 적절한 양의 정보와 자료를 다루었는지에 대해 많이 걱정했다. 내가 중요하다고 생각하는 자료들을 다룰 시간을 확보하기 위해 학생들에게 자기소개를 부탁하거나, 학생들의 고향이 어디인지, 그리고 꿈이 무엇인지를 공유하는 데 시간을 들이지 않았다. 그러나 내가 모든 사람들이 서로를 알아 가는 시간을 할애했을 때, 교실의 에너지가 더 긍정적으로 변하고 학습에 더 도움이 된다는 것을 알았다.

30년 이상 가르치는 일을 한 후 나는 교실에서 공동체를 만들기 위한 기반을 다지지 않고서는 어떤 경우에도 가르치지 않는다. 그러기 위해서 교사와 학생들에게는 서로를 알기 위한 시간이 꼭 필요하다. 이 시간은 각자 자신의 이름을 말하면서 단순히 서로의 목소리를 듣는 것으로부터 시작될 수 있다. 처음 베트남 승려 틱낫한(Thich Nhat Hanh)을 만났을 때, 그는 학생들이 힘 있고 통찰력 있는 교사를 만나게 되면 말을 하기도 전에 많은 것을 배울 수 있다고 주장했다. 나는 그에게 경외심을 느꼈다. 그는 “중국인들에게는 ‘현자가 태어나면 강과 나무들에 흐르는 물과 근처 산의 나무들이 더 깨끗해지고 푸르게 된다’라는 속담이 있습니다”라고 말했다. 그는 영적 스승에 대해 말하고 있었지만, 우리는 훌륭한 교사를 만나게 되었을 때 그들 역시 빛나고 있다는 것을 알고 있다. 교실에서 교사와 학생이 “내면의 빛”을 공유할 수 있다면, 우리는 우리가 누구이며 우리가 함께 배울 것은 무엇인지에 대해 살펴볼 방도를 찾아낼 수 있다. 나는 간단한 글쓰기 연습, 문장 완성하기를 이용하여 학생들의 마음이 참여하도록 하는 것을 좋아한다. 우리는 “내가 가장 용감했던 순간은 때 였다”라고 자연스럽게 모두가 글을 쓰기 시작할 것이다. 아니면 작은 물건 하나를 교실에 가져와 모두가 그 물건의 가치와 중요성에 대해 짧은 단락의 글을 쓸 수도 있다. 이 짧은 글을 서로서로 크게 읽으면서, 우리는 서로의 독특한 목소리를 보고 들을 수 있다. 대부분의 교수는 20명 이상의 학생들이 교실에 앉아있을 때 교실에서 어떤 일이 일어날지 알고 있다. 교수들은 흥미로운 대화를 하고 싶어 하지만, 단지 두세 명의 학생들만이 대답한다. 글을 쓰고 함께 읽으면, 학생들이 의미 있는 발언을 할 때 각각이 가진 목소리의 힘을 인정하게 되고 모두가 말할 수 있는 여유를 가질 수 있게 된다.

나는 학생들에게 나조차도 하고 싶어 하지 않는 숙제를 하라고 요구하지 않는다. 교실에서 내 생각과 아이디어를 공유하고 꺼내 놓는 것은 두려움과 수치심을 극복하기 위해서는 자신의 생각을 드러내는 것이 중요하다는 것을 증명하기 위함이다. 모두가 위험을 감당할 때, 우리는 학습공동체를 만드는 일에 서로 참여하게 된다. 우리는 학습을 공유하는 공간에서 연약한 모습을 보일 수 있다는 것을 함께 발견한다. 참여교육은 상호적 참여를 강조한다. 모든 사람이 주고받은 아이디어가 움직이고, 교실에 있는 모든 사람 사이에 의미 있는 협력관계가 형성되기 때문이다. 이 과정을 통해 교사는 진실해질 수 있으며 동시에 학생들이 진심으로 일할 수 있도록 북돋는다.

"진실함"이라는 단어의 근본적 의미는 완전성이다. 따라서, 참여교육에서 교실은 완전함을 환영한다. 그리고 이곳에서 학생들은 정직해지고 급진적으로 개방될 수 있다. 그들은 그들의 두려움에 이름을 붙일 수 있게 되고, 반대하는 목소리를 낼 수 있다. 또한 모든 것을 이해하고 집단 학습이 일어나는 순간을 충분히 즐길 수 있다. 자아실현을 목표로 삼지 않았다 할지라도, 진정한 학습이 일어날 때에 자아실현의 조건이 조성된다. 참여교육은 독립적 사고의 중요성을 강조하고 각각의 학생들이 개별적 목소리를 찾는 것을 강조한다. 그렇기 때문에 학생들을 임파워먼트[1]한다. 그렇기에 참여교육은 그들이 가치 있는 일을 할 수 없기 때문에 자신의 "가치"를 알지 못하는 학생들에게 더욱더 중요하다.

참여학습은 모든 학생이 학습 과정에 가치 있는 기여를 한다고 생각한다. 그러나 모두가 항상 목소리를 낼 수 있어야 한다거나 모든 목소리에 똑같이 시간을 분배해야 한다고 생각하지는 않는다. 대학원에 막 입학한 첫해에, 나는 교사들이 거의 강박적으로 "공정함"에 대해 신경을 쓰는 수업을 들었다. 그들은 각각의 학생들에게 말할 시간

---

1) 임파워먼트(empowerment): 개인이 자신의 감정과 가치를 인식하고 스스로에 대한 긍정적 태도를 가지며, 삶에 필요한 기술과 능력을 개발하여 내적인 힘과 행동력을 기우는 것을 의미한다. 내적 힘을 기르고 행동화할 수 있도록 돕는 것을 목표로 하기 때문에 주로 소수집단과 약자를 대상으로 임파워먼트 논의가 진행된다. (역자 주)

을 똑같이 주어야 하고 모두의 목소리가 동일한 중요성을 가져야 한다고 생각했다. 종종 준비되지 않은 학생들이 계속해서 이야기하는 상황이 연출되기도 했다. 참여수업에서 학생들은 말하기와 대화의 가치를 배운다. 또한 수업에 도움이 될 수 있는 의미 있는 말이 준비되었을 때 말해야 한다는 것을 배운다. 모든 학생이 학습공동체에 소중한 기여를 한다는 것은 단지 학생들의 말하는 능력뿐만 아니라 모든 능력을 존중한다는 것을 의미한다. 경청의 능력을 갖춘 학생들 또한 공동체 형성에 크게 기여한다. 이것은 그들이 자주 말을 하지 않을지라도, 그들이 말하는 것(때때로 쓰기 과제를 읽을 때만)은 항상 토론에서 공개적으로 이야기하는 학생들의 말보다 훨씬 더 중요할 수 있다는 것을 의미한다. 물론 무엇을 말할지 생각하기 위해 멈추는 것과 같은 활동적 침묵이 교실의 역동성에 더 많은 보탬이 될 때도 있다.

학생들이 충분히 참여하게 되면 교수들만 교실에서 지도자 역할을 하는 것은 아니다. 대신 교실은 모두의 최적화된 학습을 보장하기 위해서 모든 사람이 모두의 참여를 확실히 하는 데 기여하는 협동체로 기능한다. 궁극적으로 모든 교수는 학생들의 학습을 바라며 학생들이 교육을 자기계발과 자아실현의 방법으로 보기를 원한다. 『경계 넘기를 가르치기: 자유 실천으로서의 교육(Teaching to Transgress: Education as the Practice of Freedom)』에서 나는 이렇게 말했다. "자유를 위한 교육을 위해, 그렇다면 사람들이 교육적 과정에 대해 생각하는 방법에 의문을 제기하고 변화를 주어야 한다. 학생들 역시 마찬가지다" 교육을 다시 생각하는 데 있어 참여학습은 매우 중요하다. 참여학습은 학생들의 편에서 그들의 완전한 참여를 약속하기 때문이다. 진정한 학습이 일어날 때, 참여학습은 교사와 학생이 서로의 성장을 촉진하고자 하는 상호적 관계를 확립시키며 신뢰와 헌신의 분위기가 조성된다. 마음을 넓게 열면 참여교육은 우리가 더 나은 학습자가 되게 한다. 우리는 참여교육을 통해 함께 배움의 실천을 받아들이고 탐구하며, 지성을 통해 우리의 공동선을 강화할 수 있게 된다.

가르치기 ④

탈식민화

우리 사회에 처음 공립학교가 문을 연 이후 계속해서 가르치는 방법과 아는 방법에 대한 편견이 생겨났다. 비판적 교육학은 이러한 편견을 바로 잡는 것을 목표로 한다. 시민권과 페미니즘 운동은 사회정의 실현을 위한 큰 흐름으로서 우리 문화의 모든 측면에 변화를 가지고 왔으며 교육에 있어서 작지만 큰 혁명을 만들어 냈다. 강력한 인종 평등 요구로 인해 인종차별폐지와 법의 변화를 이끌어 냈다. 흑인 인권 운동가들은 처음으로 교육이 백인 아이들에게는 지배의 이데올로기를 강화하고, 흑인 아이들에게는 복종의 이데올로기를 강화하도록 한 수많은 방법에 대해 경종을 울렸다. 예를 들어, 그들은 "콜럼버스(Columbus)가 미국을 발견했다"(이는 백인들이 신세계라고 부르는 이 땅을 식민화하기 이전에 이미 원주민들이 여기에 살고 있었다는 것을 부정하는 편견이다)고 배우는 것을 비판했다. 그리고 아프리카 탐험가들이 유럽인들보다 앞서 이 땅을 여행했다는 것이 드러났다. 흑인 권력 운동가들이 공립학교에서 배고픈 아이들을 먹이기 위해 일했던 방식을 기억하고자 하는 사람은 거의 없다. 또한 말콤 X(Malcolm X)[1]가 그들 자신과 세계

---

1) 말콤 X, 본명은 말콤 리틀(Malcolm Little, 1925-1965). 미국의 급진적 흑인 해방운동가.

를 보는 "새로운 방법"을 제공하기 위해 일했던 방식을 기억하고자 하는 사람도 없다.

동시에, 가부장제와 남성 사상가들이 그들 작품의 우월적 지위를 주장하는 것에 도전한 페미니스트들의 저항은 주요한 변화를 만들어 냈다. 인종과 계급에 대한 비판에 젠더에 대한 비평이 더해졌을 때, 모든 편견에 대해 의문을 제기하게 되었다. 이 일은 진보적인 교사들과 학생들에게 진정한 혁명이었고, 이전까지 백인 남성들의 특권이라고 여겨졌던 분야에 우리 대부분이 진입할 수 있게 되었다. 우리 중 많은 이들이 인종, 성별, 계급 편견을 바로잡는 것을 목표로 한 평등과 배상 및 재건 운동("차별철폐조치(affirmative action)"라고 잘못 명명된)이 없었다면, 우리를 입학시켜주지 않았을 대학에 다닐 수 없었을 것이다. 마치 "동의(affirmative)"라는 단어의 사용이 특권층에 의해서 혜택을 받지 못한 사람들에게 주어지는 거대한 "허락"으로 간주되어, 정작 바로잡으려 했던 가부장적 구조가 반복되었다. 그럼에도 불구하고, 착취당하고, 억압받고, 혹은 선거권을 박탈당한 많은 사람이 고등교육을 받을 수 있게 되었다. 이 시기는 국내외에서 제국주의－백인우월주의－자본주의－가부장제에 대한 의문이 제기되던 역사적 시기였다.

아프리카, 남미, 중국, 그리고 전 세계의 과격한 자유 투쟁가들의 급진주의로부터 영향을 받은 급진적 미국인들, 특히 선거권을 박탈당한 그룹에 속한 사람들은 미국에서 우리의 위치를 분명하게 표현할 새로운 언어를 배우고 있었다. 앨버트 메미(Albert Memmi)는 "식민주의자와 식민지화" 사이의 관계를 탐구했고, 프란츠 파논(Frantz Fanon)은 "탈식민지화"를 추구했다. 월터 로드니(Walter Rodney)는 "유럽인들이 아프리카의 개발을 저해한 방법"을 보여주었다. 레오폴드 세르다르 상고(Léopold Sédar Senghor)는 우리에게 "흑인다움(negritude)"을 보여주었고 아밀카 카브랄(Amílcar Cabral)은 "정신의 식민화"에 대해 말했다. 모든 사람이 마르크스를 읽었다. 어떤 사람들은 인종, 젠더 그리고 계급을 한데 모아 우리의 일상생활에서 차이가 정치적으로 표현된 방법을 이해함으로써 우리의 세계를 점검할 수 있도록 하고 있다.

“해방”이라는 단어가 끊임없이 언급되었다. 그리고 우리나라의 정치를 명명하고 이해하는 좀 더 복잡한 정치 언어를 배우는 것이 믿을 수 없을 만큼 자유롭게 되었다. 개인의 편견과 증오에 대한 과거의 생각이 지배 시스템과 어떻게 상호적으로 작동되는지 살펴보는 일은 놀라우리만큼 자유로워졌다. 인종, 성별 혹은 젠더와 상관없이 미국에서 교육이 식민화의 도구로서 어떠한 역할을 하는지 알게 된 것은 중요한 교훈이 되었다. 해방이라는 말을 비판하는 사람들은 아프리카계 미국인의 경험에 빗대어 다음과 같이 주장한다. 우리는 우리가 소유하고 있는 나라의 토착민이 아니며, 고유의 언어와 문화를 사용하지도 않기에 해방이라는 용어가 부적절하게 사용되었다는 것이다. 그들은 미국의 흑인 시민들과 아프리카 대륙의 흑인들의 정치적 운명 사이의 연관성을 인정하려 하지 않았다.

진보적 흑인들은 마음의 식민화에 대해 거듭 이야기했다. 식민화된 마음 때문에 원주민, 흑인, 말레이 인종 그리고 황인종들이 우리의 역사가 문명화된 식민주의자들의 존재와 함께 시작되었다고 믿는다는 것이다. 『진보 중인 페다고지: 기니비사우에 보내는 편지(Pedagogy in Process: The Letters to GuineaBissau)』에서 파울로 프레이리(Paulo Freire)는 이렇게 주장했다.

> 식민지 문화는 그들의 야만적 세계관을 반영하는 것이었다. 오직 식민주의자들만 문화를 가질 수 있었다. 식민화된 교육에서 소외를 경험한 식민지 주민들은 식민교육을 거부하였고 독립을 위한 바람으로 저항했다.

대학에 다니게 된 많은 흑인과 유색인 1세대들은 기관에 입학하기 전 이미 식민화된 정신에 대한 저항의 씨앗을 품고 있었다. 지배적 가치와 관점이 우리의 정체성을 지배하는 데 저항해야 한다는 것을 배웠기 때문에, 우리는 차별철폐조치의 "선물"을 받을 준비가 되어있지 않았다. 우리는 보통 가정에서 지배적인 문화에 대한 저항을 배웠고, 이러한 마음가짐은 편파적 지배자의 생각을 맞닥뜨리게 된 교육기관에서 우리에게 큰 도움이 되었다. 선거권 박탈의 배경을 가진 영리한 학생들은 정신의 탈식민화를 하지 않고서는 지배자 문화의 교육기관에서 성공하는 것에 어려움을 느낀다. 지배적인 문화의 가치를 받아들인 학생들도 마찬가지다. 이 학생들은 스스로 그들이 속한 그룹의 다른 구성원들과 다르다고 확신해 왔기 때문에, 사실상 그들이 직면한 장애물에 대한 준비가 가장 미흡할지도 모른다. 우리나라의 사회 정의를 위한 모든 강력한 운동에 있어서 가장 큰 장애물은 자유가 단번에 일어날 것이라는 생각이었으며, 지금도 그러하다. 일단 평등의 차원에서 특정한 이득을 얻게 되면, 투쟁은 중단되었기 때문에 더 이상 앞으로 나아가는 것은 어렵게 된다. 지배자 문화의 틀 안에서 자기 결정의 하위문화를 구축하려고 하는 것도 위험하다. 만약 자유가 여전히 진행 중인 과정이라는 것을 배웠다면, 우리는 인종차별, 성차별, 그리고 계급 착취에 종지부를 찍기 위한 투쟁에서 더 잘 해낼 수 있었을 것이다. 식민지화된 사고방식(우리 삶의 모든 영역에서 수신된 메시지를 피할 수 있는 사람은 거의 없다)은 우리 일상에 만연하다. 이러한 사고방식은 의식과 행동을 형성할 뿐만 아니라 항복하거나 묵인했을 때 저항을 통해 얻는 이득보다 훨씬 큰 물질적 보상을 제공한다. 그래서 우리는 지속적으로 새로운 방식의 사고와 존재 방법에 참여해야 한다. 우리는 매우 경계해야 한다. 대부분의 사람이 지배자의 문화 속에서 일하고 하루를 보내는 상황에서 이것은 쉬운 일이 아니다.

교육에 종사하는 우리는 특히 운이 좋다. 왜냐하면 우리 개개인은 저항에 부딪히지 않고 지배자의 문화와 편견에 맞서 일할 수 있기 때문이다. 대학교수들은 교실에서 엄청난 자유를 누리고 있다. 우리가 가진 가장 큰 어려움은 지배자의 문화에 깊이 빠져서 새로운 사고와 배움의 방법을 배우지 못하는 학생들과 함께 편견 없는 혹은 탈식민화된 관점에서 지식을 나누는 것이다. 최근 공개 토론하는 시간에 한 젊은 백인 여학생이 당당하게 말했다. "저는 선생님이 비판하고 있는 사악한 자본가입니다. 그리고 저는 선생님의 교실에 참여하고 싶지 않고, 선생님의 책을 읽고 변화되고 싶지도 않습니다" 내가 어떤 강의나 글에도 "사악"이라는 단어를 언급하거나 사용되지 않았다는 사실을 모두에게 환기시켰다. 그리고 난 후 내가 가르치는 모든 교실에서 나와 똑같은 생각을 가진 복제물을 만들고자 하는 의도가 없음을 처음으로 분명하게 공유할 수 있었다. 나는 단언했다. "교사로서 나의 목적은 열린 학습공동체를 만드는 것입니다. 그것은 학생들이 우리가 함께 공부하고 있는 내용을 이해하고 반응할 수 있는 비판적 사고를 하는 법을 배울 수 있는 것입니다" 학생들이 비판적 사고를 하게 되면서 그들 자신의 자유의지로 관점을 바꾸었다는 나의 경험에 대해 덧붙였다. 그들은 단지 더 나은 선택을 한 것이다.

교육은 핵심적이고 근본적인 변화를 이루어 내지 못했다. 그래서 자유의 실천으로서 교육학을 중요하게 생각하는 사람들만 여전히 이 문제에 집중하고 노력하고 있다. 우리는 의도적으로 민주주의와 정의의 이익을 진척시키는 방법으로 가르치기로 했다. 많은 차별적 관행을 종식시키는 데 도움을 준 교육에 급진적으로 개입한 것은 편견 없는 학습을 위한 다양한 맥락을 만들어 내었다. 그러나 지배자 문화에 의해 극심한 공격을 받았고, 그로 인해 영향력이 줄어들었다. 동시에, 많은 "급진적" 사상가들은 급진적 이론을 주장하고서는 지배자 문화에 의해 승인된 종래의 관행과 관계를 맺는다. 확실히 지배적 교육 위계로부터 받은 보상은 교육에 저항하고 변화하려는 노력을 약화시킨다. 해방이 지속적인 과정이라는 것을 이해하면서 우리는 우리의 마음과 학생들의 마음을 탈식민화시킬 모든 기회를 찾아야 한다. "자유에 머무르는" 마음은 경계를 넘고 변화하는 법을 가르친다. 이러한 배움은 비록 우리가 크게 좌절하는 순간을 겪었음에도, 계속해서 가르치고 배우는 방법에 건설적인 변화를 만들어 낼 수 있게 했으며 앞으로도 계속될 것이다.

말콤 X [Malcom X, 1925-1965]

미국의 급진적 흑인 해방 운동가.

미국 역사 속 인종차별에 대한 흑인 저항은 크게 흑백 통합주의(integrationism)와 흑인 민족주의(black nationalism)의 두 노선으로 분류된다. 흑백 통합주의의 대표적 인물은 우리가 잘 알고 있는 마틴 루터 킹(Martin Luther King, Jr)이고, 흑인 민족주의의 대표적 인물이 바로 말콤 X이다.

흑인 이슬람교 목사로서 말콤은 민권운동과 흑인기독교에 대한 대안과 도전으로서 이슬람 민족을 제시했다. 그는 통합을 주장하는 민권운동이 흑인의 정치적 필요성이라는 점에서 부적절하며 하늘 위에 있는 천국만을 설교하는 흑인기독교 역시 흑인의 진정한 해방과 자유를 위해서는 적절하지 않은 것으로 생각했다. 이와 달리 이슬람 민족은 흑인의 정치적·종교적 필요를 충족시키는 것으로 간주했다. 이슬람의 민족이 가르치는 엄격한 도덕성, 백인과의 분리, '지상천국'을 흑인들이 겪어 온 정신적·사회적 어려움을 치유하는 처방으로 제시했다.

그는 흑백통합운동으로는 흑인의 진정한 평등과 해방을 가져올 수 없다고 보았다. 어떤 백인이라도 자기가 노예로 부렸던 흑인을 진정으로 동등하게 대우해 주지 않을 것이며, 결국 통합을 주장하는 것은 백인이 흑인을 잠시 잠재우기 위한 속임수에 지나지 않는다고 했다. 이는 흑백통합운동이 위선적으로 겉에만 회칠하면서 일부 흑인들에게 혜택을 주는 것이라 대부분의 다른 흑인들은 여전히 빈곤과 열악한 환경에서 벗어날 수 없다고 지적했다. 따라서 말콤이 제시한 최선의 해결책은 완전한 흑백분리였다.

말콤은 흑인들이 서로 힘을 합쳐 스스로 모든 일을 해내야 한다고 하면서, 공장을 세우고 주택을 세워 자립해야 하며, 흑인들이 모여 평화롭게 살 수 있는 그들 자신의 토지로 돌아가 스스로의 필요를 충족시키고 경제적 활동을 해야 한다고 주장했다.

[참고자료]

이신행(1994), 미국의 흑인운동, 지역연구 3(1), 1-46쪽.

차별철폐조치(Affirmative Action)

소수민족 우대정책, 차별금지철폐조치 등으로 번역되는 Affirmative Action은 소수민족이나 여성 등 불리한 입지에 있는 사람들에 대해 과거 혹은 현재의 차별을 철폐하고 이들의 사회, 경제적 처우를 개선하여 동등한 기회를 제공하기 위한 적극적 우대조치를 말한다. 이 정책은 흑인민권운동이 활발하게 추진되었던 1961년 미국의 존 F. 케네디 대통령의 행정명령을 통해 처음 도입되었다. 대학입학, 기업체나 정부 기관의 직원 채용, 주택 등 공공복지에서 흑인이나 여성 등 소수집단에 쿼터(quota)를 할당하거나 특별 배려를 제공하여 오랜 관행으로 굳어졌던 불공정 구조와 사회 계층 간 격차를 치유하고 인종의 다양성을 증진시키기 위한 것이다. 이 같은 조치로 인해 사회적 소수자들이 대학진학이나 취업에서 더 많은 기회를 얻게 되었으며, 이들의 사회·경제적 지위도 향상되었다고 평가받기도 한다. 하지만 이 제도에 대해 평등을 침해하는 악법이라는 주장도 있어서, 1978년과 2003년, 2012년 위헌 소송이 제기되었으나, 모두 합헌으로 판정이 내려졌다. 이 중 세 번째 소송은 백인 애비게일 피셔가 유대인종 우대정책 때문에 역차별을 받아 불합격했다며 텍사스대학을 상대로 소송을 낸 일이다.

[참고자료]

손영호(2016), 미국 소수민족 우대정책(Affirmative Action)에 관한 연구, 淸大學術論集 53(1), 33-52쪽.

가르치기 ⑤

진실함

미국 역사를 통틀어, 공립학교 시스템과 고등교육에서, 제국주의적-자본주의-백인우월주의-가부장적 정치는 학습공동체를 형성해서 지식이 학생들에게 제시되는 방식과 정보의 본질에 영향력을 행사했다. 우리가 무엇을 가르치며, 어떻게 가르치는지에 대한 근본적 질문은 지난 20년 동안 진행되어 왔다. 식민지화의 도구로서 교육은 학생들에게 현재의 상태를 그대로 받아들이도록 가르쳤으며, 너무나 보편적으로 받아들여졌다. 그래서 그들이 교육받은 대로 가르치는 많은 교육자 집단을 비난할 수 없다. 어린아이가 "만약 콜럼버스 이전부터 여기에 원주민들이 살았다면 어떻게 콜럼버스가 미국을 발견했다고 할 수 있죠?"라고 질문했을 때, 어떤 선생님들은 그들이 배운 많은 것들이 제국주의적-백인우월주의-자본주의-가부장적 정치를 강화하기 위한 것이라는 것을 직시했을 것이다.

지배자의 문화는 교육이 대량 식민화의 도구가 되도록 강요했고, 결과적으로 교실은 진실함이 존재하지 않는 곳이 되었다. 모든 학습이 현상 유지에 치우쳐져 있는 것은 아니지만, 대부분의 초등학교는 현상 유지를 고수하고 있다. 초등학생들은 제국, 미국, 백인, 그리고 악의 우위에 대해 믿도록 배웠고, 그래서 대학에 갈 때쯤 그들은 뿌리

깊게 세뇌되어 있다. 교육자들이 편견에 대해 문제를 제기한 일은 지난 50년간 일어난 위대한 혁명 중 하나라 할 수 있다. 이 일은 대부분 60년대에 흑인 권력 옹호자들에 의해 시작되었다. 그들은 역사와 문화를 왜곡시켜 가르침으로써 흑인민족이 자기혐오의 내면화를 강화하려 했던 방식에 대해 의문을 제기했다. 많은 흑인 가정의 부모들은 백인 우월주의 교사들에게서 배운 것과는 다른 역사와 과거의 이야기를 자녀들에게 들려주었다. 고등학교 저학년 시절, 나는 선생님들에게 왜 우리가 흑인 작가들의 문학 작품을 읽지 않는지 물어봤던 일을 기억하고 있다. 선생님들은 흑인 작가가 없다고 대답했다. 부모님은 나에게 흑인 작가의 리스트를 주셨고 그것을 가지고 학교에 갔다. 교사들은 리스트에 있는 작가들의 글이 "훌륭한" 문학작품이 아니며, 열등하고 배울만한 가치가 없다고 했다. 그 당시 교육제도에서는 그 누구도 백인우월주의자들의 사고대로 가르치는 방식에 대해 문제를 제기하지 않았다.

대부분의 교사, 특히 백인 교사들은 그들이 배운 방식으로 가르치는 규칙을 따르고 있었고, 그들의 가르침으로 인한 부정직함과 혐오스러운 편견은 모든 학생에게 심각한 피해를 주었다. 우리가 자라는 동안 종교적 가르침은 성차별을 가장 직접적으로 옹호했다. 그리고 이러한 가르침은 우리의 학교와 가정에서 강화되었다. 부모들은 인종차별적 사고에 대해서는 자주 문제를 제기했지만, 그들의 자녀가 학교에서 배운 것에 대해 개입하거나 이의를 제기하지 않았다. 내면화된 인종차별적 사고는 대다수의 흑인이 가르치고 양육하는 방식에 분명 영향을 미친다. 대부분의 흑인은 식민화되었고, 백인우월주의를 받아들이고 지지하도록 배웠다. 어떤 흑인은 백인의 인종차별에 저항하는 시민권 행진에 참여하면서도, 가정에서는 그들의 자녀들에게는 밝은 피부를 가치 있다고 하고 어두운 피부를 평가절하하면서 미적으로 백인 우월성을 유지할지도 모른다. 이러한 내면화된 인종차별은 대부분 교육 환경에서 형성되어 점차 확대되었다.

인종주의는 교육자들이 영속시키고 유지했던 많은 지배 시스템 중 하나에 지나지 않는다. 흑인 작가가 없다는 말을 들었던 고등학생 때와 마찬가지로, 엘리트 과정인 대학에서도 나는 여성은 "위대한" 작가가 될 수 없다고 배웠다. 다행스럽게도 백인 여성 교수 한 명은 내게 가부장적 편견을 인식하고 도전해 보라고 가르쳤다. 대항-헤게모니(counter-hegemonic)에 관한 그녀의 가르침이 없었다면, 많은 여성은 글을 쓰고자 하는 욕망이 짓눌린 채 어차피 잘 해낼 수도 없는데 왜 도전을 하느냐고 생각하면서 대학을 졸업했을 것이다.

성차별주의, 인종차별주의, 동성애 공포 등 지배자의 문화가 무엇을 강조하든지 간에, 최근까지 대부분의 교사는 편견이 강요되고, 조성되고, 유지되는 데 주요한 역할을 했다. 따라서 대부분의 교실에서는 정직과 진실의 가치가 학습의 핵심이 되는 방식으로 학생들을 가르치지 않았다. 문제제기가 있었음에도 불구하고, 많은 교실은 여전히 변하지 않았다. 교수들이 편견 없이 가르치는 것을 받아들이지 않으면 교실은 변할 수 없다. 우리는 새롭게 배워야 하고 다시 학생이 되어야 한다. 내가 가르치는 대학에서 백인 남성 사회학 교수 한 명은 그의 수업이 인종과 성별이 아닌 계급에 초점을 맞추고 있다는 사실을 학생들에게 말하는 데 자부심을 가지고 있었다. 아마도 전통적 좌파들처럼 그는 그가 훈련받은 대로 단순히 경제에 중점을 두려고 했을 것이다. 그는 학생들이 인종과 성별이 우리 사회에서 계급을 만들어 내는 수많은 방법에 대해 조사하는 것을 원하지 않을 것이다. 또한 전형적인 백인, 패권주의 그리고 가부장적 사고로 인해 인종과 성별이 계급 관계에 실질적으로 영향을 미치지 않았다고 확신할 것이다. 그의 권위주의적 행위는 심지어 질문하려는 학생들을 침묵하게 할 것이다.

우리는 편견으로 인해 교육에서의 진실함을 얼마나 외면해 왔는지 그리고 이로 인해 얼마나 지속적으로 정신적 피해를 입어 왔는지 결코 가늠할 수 없을 것이다. 편견에 대한 현대적 비판은 우리가 어떻게 배웠는지에 대해 알려주었다. 이러한 비판은 우리가 교실에서 진실함을 회복하는 것에 대해 문제 제기할 기회를 가져다주었다. 진실함은 우리가 생각하고 말하는 것과 행동하는 것이 일치하거나 동의할 때 존재한다. 말(word)의 근본적 의미는 온전함(wholeness)과 관련이 있다. 『자존감의 여섯 가지 기둥(The Six Pillars of Self-Esteem)』의 저자 나타니엘 브랜든(Nathaniel Branden)은 진실함을 다음과 같이 정의한다. "진실함은 이상, 신념, 규범, 믿음 그리고 행동의 통합이다. 우리의 행동이 우리가 공언한 가치와 일치할 때, 이상과 실천이 일치할 때, 우리는 진실하다" 교실에서 진실함은 거의 논의되지 않는다. 불행하게도 많은 교사와 학생들은 모든 사람이 성공을 위해 달려가는 세상에서, 진실은 의미 없는 구식 개념이라고 생각한다. 하지만 학생들이 진실함이 없는 맥락에서 배우게 된다면, 정신분석가 엘리스 밀러(Alice Miller)가 말한 것처럼 "해로운 교육학"을 내면화할 가능성이 있다.

오늘날 모든 교육기관에는 건설적인 방법으로 편견에 대응하는 교사들이 있다. 그들은 우리 세계와 학생들의 다양성을 존중하는 방식으로 교육과정을 변경하고 가르침을 선택했다. 주위의 세계가 진실함을 평가절하하고 있음에도 불구하고, 교육이 자유의 실천이 되도록 그들의 교실이 항상 진실해야 한다는 것을 알고 있는 교사들은 용감하다. 교육적 참여와 실행이 높은 수준을 유지한다면, 진실함은 반드시 승리할 수 있다.

가르치기 ⑥

목적

학계를 포함한 세상 모두는 목적에 대해 관심을 가지고 있다. 사람들은 그들의 삶에 의미를 주는 것이 무엇인지 분명히 알고 싶어 한다. 직업 세계에서, 교사들 특히 대학에서 일하는 교사들은 우리의 목적의식에 대해 좀처럼 이야기하지 않는다. 교사인 우리는 우리의 역할을 어떻게 생각하는지에 대해 대화하지 않는다. 내가 학생일 때 만난 교사는 교사에 대한 나의 생각에 큰 영향을 미쳤다. 교사는 세 부류로 나뉘는 것 같다. 가르치는 일을 긴 방학으로 즐길 수 있는 편안한 직업으로 보는 사람, 가르치는 일을 단지 정보와 지식을 전달하고 쉽게 평가하는 것으로 보는 사람, 마지막으로 가르치는 일을 통해 학생들이 더 많은 것을 배우고 나아가 그들의 지성을 확대할 수 있도록 노력하는 사람들이다. 나에게 가장 많은 영향을 미쳤고 영감을 주는 것은 세 번째 범주의 교사들이었다.

이 교사들은 생각과 학습의 통합에 관심을 두었다. 그리고 학생들이 성장하고 자아실현하기를 바라며 헌신했다. 초등학교 때 선생님 한 분은 내가 책 읽기를 좋아한다는 것을 알고 도서관에서 더 많은 책을 대출할 수 있도록 허락해 주었다. 어떤 교수는 내가 쓴 시에 이름을 가리고 학생들에게 복사본을 나눠줬다. 그러고는 학생들에게 작가의 성별을 맞춰보라고 했다. 그녀는 교실에 있는 우리 모두에게 훌륭한 작가가 될 수 있는지는 성별과 아무런 상관이 없음을 짧은 시간에 증명했다. 그녀는 여성은 남성처럼 좋은 작품을 쓸 수 있는 작가가 절대 될 수 없다고 주장했던 당시의 성차별적 사고의 허위를 우리에게 보여주었다. 그리고 우리의 상상력을 식민화하고 우리의 마음을 포로로 잡아두었던 감옥의 벽을 무너뜨렸다. 나에게는 삶을 변화시키는 전환의 순간이었다.

비록 켄터키는 작고 분리된 세계였지만 내가 다닌 모든 흑인학교와 인종 통합 고등학교에서 나는 항상 실력 있는 작가라는 말을 들을 수 있었다. 스탠포드 대학에 입학했을 때, 교수들은 내가 다른 사람의 도움을 받았거나 다른 사람의 글을 베꼈다고 계속해서 의심했다. 그리고 나의 글에 대해 딴지를 걸었다. 대개 이런 질문을 한 선생님들을 만족시키기 위한 대답을 하긴 했지만, 나의 자존감은 떨어져 갔다. 앤 색스턴(Anne Sexton)과 실비아 플래스(Sylvia Plath)의 작품에 대한 비평으로 호평받는 다이안 미들브룩(Diane Middlebrook)의 수업에서 상처입은 나의 창의적 영혼은 치유되었다. 그녀는 내 글이 힘찬 목소리를 가지고 있으며, 앞으로 작가로서 성장하고 성숙해 나갈 것이라고 확언했다. 나는 이러한 가르침에서 영감을 받았다. 수업에서 그녀는 모든 학생이 성차별을 넘어서 생각하도록 요구했고, 그녀의 교실에서 우리는 변화했다.

이렇게 빛나는 순간들도 있었지만, 학생 시절 내가 경험한 교실은 대부분 비인간적인 곳이었다. 학교에서의 고통스러운 경험은 내가 인간적인 방식으로 가르치도록 동기를 부여했다. 인간적인 가르침은 학생들이 그들 자신의 생각과 존재의 충만함을 향해 날아오를 수 있도록 그들의 영혼을 고양시킨다. 나는 교사로서 분명한 목적이 있었음에도 불구하고, 처음 가르치기 시작했을 때에는 대부분의 학생이 그들의 마음과 생각이 식민화된 채 교실에 도착하리라는 것을 이해하지 못했다. 많은 교사가 자유의 실천으로서 교육을 적대감을 가지고 본다는 사실을 대비하지도 못했다. 나는 닫힌 마음을 열 수 있도록 촉진하는 기술을 배우지 못한 채 가르치는 일을 시작했다.

교실에서 학습공동체를 창조하는 일은 인간화를 목적으로 삼고 있으며, 이 일을 해내기 위해서 학생들에게 비판적 사고를 가르칠 필요가 있음을 인식했다. 우리의 교실에서 학습의 결과로 학생들의 생각이 "변화"하기 시작했을 때, 나는 적절한 경계를 넘어서고 있다고 느꼈다. 종신교수가 되기 전, 나는 일반적인 방식과 다르게 가르치려고 애썼고 엄청난 스트레스를 받았다. 항상 처벌에 대한 두려움을 느꼈다. 그리고 가장 두려운 일은 학생들에게 다가가는 것에 실패하고, 모든 면에서 비난과 공격을 받는 것이었다. 자유의 실천으로 교육하기 위해 노력하는 교수들은 부정적인 질문을 던져서 끊임없이 수업을 방해하려는 학생들을 만났을 때 자신의 목적을 꺾으려는 경향이 있다. 단지 소수의 학생이라도 나의 실천에 부정적 반응을 보이면 나는 극도의 회의감이 들었다. 내가 미들브룩 교수의 교실에서 경험했던 것처럼 성공적 경험은 상처 입은 마음을 회복시키고 흔들리지 않도록 지탱하게 해 주었다.

가르치기 ⑦

협력 - 론 스캡(Ron Scapp)[1]과 함께 쓰다

인종, 성별, 계급의 역동성에 대한 이해를 높이기 위해 다양한 사상가와 협력하는 것이 중요하다. 이런 일은 일차원적인 사고방식, 존재 그리고 삶의 방식을 넘어서고자 하는 사람들에게 도움이 된다. 철학자 론 스캡(Ron Scapp)과 나는 우정과 지적 노력을 통해 연대했고, 이 관계는 우리가 사는 세상과 문화에 대해 더욱 폭넓은 시각을 가지게 해 주었다. 론과 나는 우리의 가르침이 항상 사회 정의를 위한 투쟁과 관련이 있다고 보았다. 우리는 삶과 일의 문제에 있어서 서로 지지하고, 비판하고, 혁신하기 위해 서로를 의지했다. 가르침에서 상상력의 역할에 관한 토론이든 경력 변화와 같은 개인적 결정 그리고 올바른 삶을 유지하기 위한 투쟁이든 우리는 서로 비판적인 피드백을 주고받았다.

론과 나는 지배자의 문화 그리고 인종, 성별, 계급 그리고 성(sexuality)의 역학관계를 명확하게 이해하기 위한 최선의 투쟁은 대화라고 믿는다. 그래서 우리는 교실에서 일어난 일에 대해 반복해서 말

1) 미국의 저명한 교육자이자 작가. 교육 리더십과 정책, 교사 임파워먼트에 대한 연구를 했다. 브롱스의 마운트 세인트 컬리지에서 도시 그리고 다문화 교육 과정 담당 교수로 재직 중이다. (역자 주)

하고 표현한다. 이러한 노력을 통해 우리가 하는 일, 행동 방법, 이유 등에 대해 비판적 의식을 유지하고자 한다. 교실 안팎에서 우리의 학문적 입장을 사회 정의와 연결하는 것은 학계에서 우리의 입지가 좁다는 것을 의미한다. 우리는 학계에 속해 있으면서도 동시에 외부인이다. 현재 상태를 유지하는 데 더 많은 투자를 하는 권력자들은 지속적으로 우리가 하는 일의 많은 부분을 의심하고 심문한다.

많은 사람이 대화의 필요성, 특히 다양성을 증진하는 대화에 관해 이야기할 때 우리는 이론과 실천 사이의 연관성을 보여주려고 노력한다. 이러한 연결을 유지하기 위해서는 급진적 개방과 변화를 지속하기 위한 헌신이 필요하지만, 학계 동료들은 단지 립서비스 수준의 노력을 할 뿐이다. 론과 나는 비판적 태도를 유지하면서 철학적 접근방식으로 대화하기 위해 변증법적 의사소통 전략을 선택한다. 이러한 방식에서는 자신의 위치, 전략 그리고 가치를 반복적으로 생각하는 것이 중요하다. 론과 나는 거의 20년 동안 협력해서 일했지만 인종, 성 그리고 젠더의 계층 구조에서 서로 매우 다른 위치를 차지하고 있다. 이러한 차이로 인해 우리는 경계를 넘어 움직일 수 있었고, 서로의 차이점을 넘어 친밀한 지적 결합의 기회를 가질 수 있었다. 사람들은 우리에게 뒤로 물러서서 엄격한 자기비판에 참여하도록 요구한다. 그리고 우리가 서로 다른 세계에서 살고 있다는 것을 사실적으로 보라고 한다. 차이를 확인하는 동시에 우리는 우리가 공통으로 공유하고 있는 것을 확인한다.

파울로 프레이리가 교육에 관한 비판적 페다고지 담화를 이야기한 지 꽤 시간이 흘렀음에도 불구하고, 그는 자유의 실천으로 교육을 재정의하려는 우리의 진보적 노력에 지속적으로 영향을 미치고 있다. 저서 『질문하기 위한 학습: 해방의 교육학(Learning to Question: A Pedagogy of Liberation)』에서 그는 우리가 일상생활에서 벗어나 다양한 문화와 입장을 접했을 때, 차이를 넘어 상호 간의 이해를 방해하는 질문에 "정직한 대답"을 할 준비가 되어 있어야 한다고 했다. 프레이리와 나는 『가르침을 위한 공동체: 희망의 교육학(Teaching Community: A Pedagogy of Hope)』[2)]에 대해 대화하면서 신뢰를 구축하고 유지하는 것이 중요하다는 사실을 강조했다. 우리에게는 우리를 풍성하게 하는 차이에 대한 대화를 만들어 가는 것이 중요하기 때문이다.

우리는 지속해서 신뢰의 문제에 집중하고 있다. 유색인종들은 차이를 넘어 연대하기 위한 노력에 두려움을 느끼고 있으며, 백인들을 특히 권력을 가진 백인 남성을 신뢰할 수 없다는 큰 불만을 품고 있기 때문이다. 그리고 인종주의적 조건화로 인해 백인들이 유색인을 의심하도록 사회화된 것 역시 사실이다. 특히 우리가 자아와 정체성과 관련하여 인종주의적 한계에 갇혀 있기를 거부할 때 더욱 의심한다. 론과 나는 우리의 결합에 대해 지속해서 평가하고 확인했다. 그 결과 신뢰는 정적인 것이 아니라는 것을 배웠다. 신뢰는 우리가 연대의 중요성을 마음에 담고서 보호하려고 하는 행위에 의해 지속적으로 강화된다.

그는 나와 함께 쓴 책에서 지배를 종식시키는 방식으로 살겠다고 고백했다. 그러나 그가 그런 방식으로 살고 있지 않다고 생각하는 회의적인 사람들은 종종 그를 공격한다. 그들은 자유를 위한 교육적 투쟁이 단 하나의 방식만 있는 것이 아니라는 것을 이해하지 못하고 있다. 서로에게 도전하고 포용하려는 우리의 노력은 비판적 저항 차원에서 지속된다. 그러나 우리의 차이, 즉 우리가 살고 있는 독특한 위치를 분명하게 반영하고 있어야 한다. 그리고 우리의 차이는 다른 형태를 보일 수 있음을 염두에 두어야 한다. 론은 주요 도시의 기관에서 지속적으로 일하지만, 나는 여러 학교에 다녔고 켄터키주에 있는 소

---

2) 벨 훅스의 2003년 작. (역자 주)

규모 기독교계 대학[3]에서 일하고 있다. 론은 그가 가진 힘을 사용하여 지배 구조를 약화시키는 방식으로 제국주의적, 백인우월주의, 가부장적 특권을 파괴시키기 위해 끊임없이 노력해 왔지만, 그가 비판하는 바로 그 시스템으로부터 지속적으로 혜택을 받고 있다는 사실을 부정하지 않았다. 바로 이 지점이 모든 이의 자유를 위한 일에 헌신하며 반대의 목소리에 귀 기울이지 않는 시스템 속에서 진실함을 유지하려고 애쓰는 우리에게 비판적 사고에 관한 협업 프로젝트가 중요하다는 것을 보여준다.

나는 전일제로 대학에서 가르치는 일과 멀어지는 직업적 선택에 이끌렸다. 그러나 직업상 중요한 결정을 내릴 때마다, 나는 론과 함께 진지하게 검토했다. 종종 론은 인종과 젠더 특권적 위치(그는 학교에서 고위 관리자로 근무했다) 덕분에 시스템이 어떻게 작동하는지 그리고 그것을 어떻게 파괴해야 하는지에 대해 더 잘 이해하고 있었다. 론과 동지애가 없었다면 나는 아마 대학에 남아 있지 않았을 것이다. 학문 기관에서 조직적으로 공격받았다고 느꼈을 때 너무 힘이 들었고, 살아남기 위해서는 학계를 떠나는 것만이 유일한 희망이라고 믿었다. 론은 내가 연구하는 일만큼이나 계속해서 가르치는 것이 중요하다고 주장했다. 참여교육의 방식으로 가르치고 있기 때문에, 가르침 역시 나의 존재 방식이라는 것이다. 그는 학생과 교사들이 나의 연구를 수업에 적용할 수 있도록 하는 긍정적 방법에 대해 관심을 가지고 있었다. 프레이리는 우리에게 "현실의 가혹함이 반기를 들 때조차도 희망을 유지해야 한다"라고 요구했다. 이 방법은 이러한 차원의 노력을 긍정적으로 만들어 준다. 론은 자신의 진실함을 굽히고 확실한 주목과 보

---

3) 2004년부터 켄터키 주의 베리아 칼리지(Berea College)에 석좌교수로 재직하고 있으며, 2014년에 대학 내 벨 훅스 연구소(bell hooks institute)를 세워 활동하고 있다. (역자 주)

상을 받을 수 있는 학계에 진입할 수도 있었다. 그는 우리의 비판적 대화에 참여하고 있으며 그에게 도전하고 그를 비판하는 진보적 학생들과 함께 끊임없이 연계하고 있다. 이러한 일들은 급진적으로 헌신하고자 하는 그의 노력에 힘을 실어준다.

우리의 대화는 공개적이며 사적이다. 우리는 연대를 통해 우리의 비전(vision)을 실현하고자 노력했다. 그렇게 되면 모든 사람의 차이를 넘어서는 연대가 가능할 뿐만 아니라 필요하다는 모델을 모든 사람에게 제시할 수 있을 것이다. 교사와 학생들은 증인이자 직접 경험한 사람으로서 우리가 한 일과 하고 있는 일을 지켜보고 있다. 반인종주의와 반성차별적 패러다임을 채택하는 일은 우리의 모든 삶을 변화시킬 수 있고 희망을 가질 수 있음을 의미하며, 다른 미래가 가능하다는 것을 구체적으로 보여주는 신호이다. 우리가 만든 비판적 교육학은 아프리카계 미국인이 민주주의를 이루기 위해 고투하는 국가의 대통령이 될 수 있는 문화적 혁명에 작게나마 공헌했다. 의미 있는 협력에 참여한 론은 비판적 사상가가 변화를 위한 목소리를 표현하는 모델을 제시해 주었다. 세계 평화와 정의로운 미래를 위해, 우리는 모두가 협력하면 모든 사람이 함께 대화할 수 있고, 공동체와 상호 파트너십의 새로운 언어를 만들어 낼 수 있다는 것을 인식해야 한다.

가르치기 ⑧

대화

참여교육에서는 학습자, 교사 그리고 학생들이 아이디어를 새로 마련하는 데 자발적으로 참여한다. 교사로서 우리의 역할은 학생들이 비판적 사고의 모험에 빠질 수 있도록 하는 것이다. 함께 배우고 이야기하면서 우리는 지식을 얻는 경험이 사적이고, 개인적이며 경쟁적이라는 생각과 헤어지게 된다. 대화를 키워가면서 우리는 배움의 파트너십에 참여하게 된다. 대부분의 교실에서 교사는 자료를 제공하고 학생은 수동적으로 받는다. 그들은 교사의 말을 기억하고 기억해 내기 위해 받아 적는다. 그러나 수업이 끝나고 나면 대부분의 학생은 적은 것을 거의 읽지 않는다. 수업 자료를 성공적으로 기억해 내서, 교육과정에서의 필요를 충족시키는 데 사용되고 나면 그 지식은 더 이상 기억할 필요가 없는 것이 된다. 되돌아보면 학부 시절 교사가 설명하는 것의 에너지나 내용보다는 토론 수업에서 생성된 대화가 더 기억에 남는다.

일상생활에서 대화를 통해 다양한 지식을 획득할 수 있다. 교실 안팎에서 가르침의 도구로서 대화는 놀라울 정도로 민주적이다. 모두가 말하면 모두가 대화에 참여한다. 『재정의된 학습(Learning Redefined)』에서 데니스 레더(Dennis Rader)는 대화의 힘에 대해 격찬했다. “대화는 정보와 정보 사이를 이해하고 의미 교환을 만들어 내려는 노력을 포함한다. 대화는 항상 포괄적이다. 대화를 통해 비전 공동체를 발전시키며 개인의 목소리를 지지하고 풍성하게 한다" 인종, 계급, 젠더와 관계없이 모두가 대화에 참여한다. 그리고 우리는 아이디어가 자유롭게 공유되며 우리의 이해를 증진시키는 좋은 대화를 기억하고 있다. 비판적으로 사고하는 우리의 능력은 위트와 지혜를 나누었을 때 자극받고 변증법적 교류에 참여할 수 있게 된다.

요즘 내 강의는 대부분 대형 강연이다. 강연하는 방식에 동의하고 있지만, 독백은 아이디어를 전달하는 데 최악의 도구라고 생각한다. 대부분의 청중은 강의에서 제공하는 많은 정보를 수용하기에는 적극적 듣기 기술이 부족하다. 종종 내가 말한 것이 잘못 이해되고 있는 것을 발견하게 된다. 배움의 미래는 의사소통, 즉 대화를 함양하는 데 있다. 나는 "강연하는 방식은 단순히 발표하는 사람이 지혜롭거나 혹은 지혜가 부족하다는 것을 보여주지만, 대화는 다른 사람들 안에 있는 지혜를 이끌어 낸다"는 레더의 말에 동의한다. 교사와 학생과 함께 가장 황홀한 학습이 언제, 어떻게 발생하는지에 관해 이야기할 때마다, 그들은 대화가 중요한 역할을 한다고 했다.

지식을 획득하는 데 대화가 중요한 열쇠라는 것을 인식한 사람들은 우리가 대화의 기초 기술이 부족한 문화 속에서 살고 있다는 것을 알고 있다. 우리는 대부분의 시간을 정보의 수동적 소비자로 살고 있다. 텔레비전과 컴퓨터는 모두 수동적 학습을 촉진한다. 남성성(男性性, masculinity)의 구성에 대해 비판적으로 검토한 많은 페미니스트 이론은 우리 사회가 말하기보다 침묵하기에 더 중요한 가치를 부여함으로써 남자아이들을 가부장적 남성으로 만든다는 것을 밝혀냈다. 남자아이들은 스스로를 대화에 능숙하지 않다거나 혼잣말하는 사람으로 생각할 수 있다. 이들은 대화를 거부하고 일방적으로 말하면서 다른 사람에게 권력을 주지 않고 지배계급의 위계를 승격시키고 유지하려고 한다. 대화는 항상 주는 것에 관한 것이다. 진정한 대화는 힘과 지식을 공유하는 것에 관한 것이다. 이것은 근본적으로 협력적인 일이다.

30년 전 사람들과의 대화에서 파울로 프레이리는 "우리는 미래의 주체가 되기 위해, 현재의 객체로서 투쟁에 참여할 수 없다"고 강조했다. 나는 이 말에 공감했으며, 목소리를 찾고 이를 가지는 것의 중요성을 확인할 수 있었다. 말하는 것과 이름을 밝히는 것은 주체의 입장을 주장하는 방법이다. 많은 학생이 종종 자신에게 목소리가 없다고 느낀다. 그들은 자신의 이야기는 다른 사람이 들을 만한 가치가 없다고 생각한다. 이러한 상황에서 대화는 모든 사람의 목소리를 위한 공간을 만들고, 모든 목소리를 들을 수 있다는 것을 전제함으로써 중요한 개입을 해낸다.

다양성이 있는 교실에서 대화 기반 학습모델은 더욱 유용하다. 우리는 모두 대화를 통해 듣고 말하는 데 편안함을 느끼도록 어느 정도 사회화되어 있기 때문에, 방어 장벽을 세우지 않는다. 교실 토론에서 종종 언쟁하거나 부정적 논쟁을 하는 것이 관련 문제를 해결할 수 있는 유일한 방법이라고 인식된다. 부정적 갈등에 기반한 토론은 언제나 마음을 닫게 한다. 상호 작용의 방식으로서 대화는 우리의 마음을 열게 한다. 교수들은 종종 교실에서 대화가 시작되면 적어도 그들에게는 중요한 읽기 과제에 대해 토론할 시간을 빼앗길까봐 두려워한다. 그러나 강력하고 마음 충만한 대화를 하게 되면 정말 중요한 것을 놓치지 않게 된다. 교실에서 강렬한 대화를 나누게 되면 학생들은 자신에게 할당된 자료와 관련 과제를 더 잘 인식하게 된다. 레더는 "진실한 대화는 잘못된 가정, 편견, 무지, 잘못된 정보, 관점의 부족, 상상력의 부족 그리고 시스템이 만들어 낸 완고함과 같은 독성을 제거하는 방법"이라고 믿었다. 생각을 공유하기보다 논쟁에서 이기려고 하는 부정적 대화에 참여하면 생산성이 떨어지지만, 우리를 가르치는 대화는 분명하고 힘이 있다. 이러한 대화는 치열하다. 『치열한 대화: 일과 삶에서 성취하기(Fierce Conversation: Achieving Success at Work and in Life)』에서 수잔 스콧(Susan Scott)은 로젯의 유의어 사전(Roget's Thesaurus)에서 "치열한"을 어떻게 설명하고 있는지를 통해 이 말을 재검토하자고 촉구했다. 이 사전에서 치열이라는 단어는 다음과 같은 동의어를 가지고 있다. "강력하고, 열정적이며, 열망하고, 방해받지 않고, 교활하고, 길들지 않은" 이러한 대화는 학습경험과 재미를 줄 수 있다. 또한, 이러한 대화는 우리가 얻은 지식이 우리와 함께 머무는 장소이며, 두려움과 불안함을 버리고 연민과 연결의 장소를 찾을 수 있도록 힘을 주는 곳이다. 연민은 관용을 창조해 내고, 관용이 있으면 소통하고 이해하고자 하는 열망이 생긴다. 레더는 대화를 통해 "전체와 상호 작용 변수를 더 잘 인식하는 새로운 종류의 앎"에 대한 이해를 증진시킬 수 있다고 했다. 그는 다음과 같은 통찰을 공유했다.

> 대화는 강력하다. 그들은 서로 다른 의미와 경로로 우리를 이끌 수 있다. 대화는 우리가 새로운 이해를 구축하려고 할 때 서로 다른 시각에서 복잡한 문제를 바라볼 수 있도록 도와준다.

대화는 일차원적이지 않다. 우리는 대화를 통해 항상 다른 방식으로 보고 알게 된다. 레더는 대화가 "참여와 기여"를 만들어 낸다고 했다.

이 장의 주제와 이 책의 아이디어에 대해 나는 교육자 데니스 레더와 이야기를 나눴다. 내면적으로 사고하는 데 어려움을 느낄 때마다 나는 데니스와 이야기하고 에너지를 얻었다. 이 짧은 글을 쓰면서 내 생각이 어디까지이고 그의 생각은 어디인지에 대해 구분하기가 어려워 걱정이다. 걱정 끝에 나는 대화 학습의 민주적 본질에 대하여 다시 생각하게 되었다. 학계에서는 아이디어의 소유권에 대해 심하게 집착한다. 학문적 경쟁으로 인해 개인에게는 어떤 아이디어를 "최초로" 생각해 낸 사람으로 보이는 것이 절실하기 때문이다. 사실상 아이디어는 항상 돌고 돈다. 내면의 비판적 성찰에 참여했을 때 아이디어는 새롭게 되며 내적 대화를 통해 일반적 생각은 창조적 사고로 거듭난다.

가르침에 대한 워크숍에서 토론을 진행했을 때, 대화를 통한 앎의 방식은 청중들을 참여하게 하고 지적 성장을 할 수 있도록 했다. 우리가 기억하는 많은 것과 우리에게 머물러 있는 것은 대화를 통해 모습을 드러낸다. 미래의 교육자들이 학생들과 함께 더 많이 대화하기를 희망한다. 이를 통해 진지하고 엄격한 사고를 위한 학습의 방법으로서 대화 모델은 제자리를 찾을 수 있을 것이다.

가르치기 ⑨

이야기하기

교실 안과 밖에서 공동체를 구축하려고 할 때 이야기는 좋은 출발점이 될 수 있다. 수업 중에 이야기를 나누는 것은 서로를 이해하는 데 도움이 된다. 나는 고등교육을 통해 자신의 생각을 옹호하거나 확인하기 위해 개인적 이야기에 의존하면 절대 학자나 지식인이 될 수 없다는 지배적 사고를 믿도록 훈련받았다. 그래서 수년 동안 개인적인 이야기를 꺼내는 것을 주저했다. 개인적 이야기를 사용해서 논쟁을 기록하거나 뼈대를 잡으려는 시도는 확실한 사실을 다루지 않았으며 충분히 과학적이지 않다고 받아들여졌다. 우리는 지금까지 알아왔던 자연과학 혹은 데이터 정보가 사실상 자료와 사실을 해석한 이야기라는 것을 알 수 있는 시대에 살고 있다. 자연과학에서는 불변의 사실로 여겨지던 데이터가 새로운 정보로 인해 반박되면 이야기는 달라진다. 과학을 통해 우리의 뇌가 정보를 처리하는 방법에 대해 알 수 있게 된 문화사적 순간을 목격하게 되어 감격스럽다. 이를 통해 우리는 뇌가 어떻게 이야기를 만들고 어떻게 이야기를 할 수 있게 하는지를 알게 되었다. 『이야기의 요소: 영감, 영향 그리고 설득(The Story Factor: Inspiration, Influence, and Persuasion)』에서 아넷 시몬스(Annette Simmons)는 다음과 같이 말한다.

> 이야기는 사실보다 “더 진실”하다. 이야기는 다층적이기 때문이다. 진실(Truth)은 많은 층위를 가지고 있다. 정의(justice)와 진실성(integrity)과 같은 진실(truth)은 법이나 통계 등에서 표현되기에는 너무 복잡하다. 사실이 진실이 되기 위해서는 언제, 누가 그리고 어디에서와 같은 맥락이 필요하다. 이야기는 이것들을 포함하고 있다. 몇 분 혹은 몇 세대에 걸쳐 지속되는지 그리고 인물, 행동 그리고 결과와 함께 일련의 사건이 서술된다. 사건이 일어나는 장소는 우리에게 어디에서라는 상황을 만들어준다. 이야기는 마법같이 다차원적이기 때문에 매혹적이고 유혹적이다.

나는 회고록이나 페미니스트 이론 그리고 인종과 계급에 대한 글을 쓸 때 어린 시절 겪었던 이야기를 하고는 한다. 추억의 한 장면이나 때로는 큰 사건을 사용해서 비판적 에세이, 문화 비평 그리고 아동도서에서 이야기를 촉진시키기도 한다. 책을 출판할 때마다 어떤 독자 형제들은 내가 설명한 사건이 결코 일어난 적이 없었거나 내가 있는 그대로 설명하지 않았다고 지적하고는 한다. 나는 절대적 진실은 존재하지 않으며, 우리는 우리의 관점에서 바라본 것을 믿으며, 개개인의 관점은 한계가 있다고 설명하고는 한다.

이야기를 기억하는 것은 사상가와 작가에게 중요하다. “나는 생각한다. 고로 존재한다”라는 가정보다는 이야기가 있기에 내가 존재한다고 생각하고 싶다. 내가 누구인지에 대한 나의 이야기는 내가 나 자신을 말할 때 나를 어떻게 바라보는지를 담고 있다. 단순한 이론만 나열되어 있을 때 이야기를 사용하면 글에 친근함을 불어넣을 수 있다. 나의 모든 글을 읽은 사람이라면 초기 작품에는 개인적인 이야기가 거의 없다는 것을 알고 있을 것이다. 나는 이론, 특히 인종, 젠더, 계급 그리고 교육적 수준의 경계를 뛰어넘어 모두가 읽을 수 있는 페미니스트 이론을 집필할 때, 공통의 진입 지점을 제공해야 한다는 것을 깨달았다. 이는 내 글의 본질을 변화시켰고 내 삶을 바꾸었다.

나에 관한 여러 가지 이야기를 쓰고 이 이야기를 책과 심리치료 시간에 나눌 때, 나의 상처받은 영혼은 치유되기 시작했다. 어린 시절 내 영혼을 갉아먹었던 감정은 더 이상 내 존재에 영향을 미치지 않는다. 이야기를 통해 나는 구원과 영혼 회복의 세계에 들어갔다. 나는 천천히 내 정신의 부서진 조각들을 가져와서 다시 모으고, 새로운 이야기를 만드는 과정–해방의 이야기–을 거쳤다. 전통적 흑인교회에서 부르는 노래에서는 이러한 변화를 다음과 같이 정의한다. "내 영혼은 뒤돌아보며 놀라워하네– 내가 극복해 온 것들을" 이 노래는 생존과 승리에 대한 노래로 우리가 과거의 트라우마를 극복하고 우리 자신을 온전히 되찾을 때 일어나는 경이로운 감정을 즐겁게 전달하고 있다.

자아실현과 성장 과정에서의 변화는 교실에서 나 역시 변화시켰다. 이야기를 사용하면 학생들의 비판적 사고에 도움이 된다는 것을 발견하고는, 내 이야기를 먼저 공유하여 학생들이 자신의 이야기를 공유하도록 격려했다. 우리는 즉흥적으로 글쓰기를 하고 다른 사람에게 큰 소리로 읽어주었다. 이 연습은 우리가 서로의 이야기를 듣게 해 주었고, 서로의 목소리를 들을 기회를 주었다. 적극적 듣기는 서로를 더 가깝게 해 준다. 학생들은 강연이나 학급 토론에서는 경험하기 어려운 강렬함을 느끼며 서로의 이야기를 듣는다. 서로의 이야기를 공유하고 주고받는 것은 학습공동체가 되는 방법 중 하나다. 이는 우리의 마음을 여는 친교 의식이다. 우리가 연결되는 데 도움이 되는 방법으로 공유하면, 서로를 더 잘 알게 된다. 데니스 레더(Dennis Rader)는 우리가 갈등과 역설의 복잡성에 참여하는 데 이야기가 도움이 되는 방식을 설명했다. "이야기는 맥락적 인식의 틀을 제공한다. 우리가 이야기를 알게 되면 이전에 숨겨져 있거나 잘못 해석된 것을 생각하고 이해할 수 있다. 이야기는 대화를 자극하고, 정보를 준다. 이야기는 공동체 의식을 느끼게 하고 공통 관심사, 가치관 그리고 연구에 대한 긴밀한 감정을 제공한다" 이야기는 학습에 대한 깊은 열정을 불러일으키는 불꽃이 된다.

우리는 이야기를 통해 치유되기도 한다. 사람들은 여러 가지 이유로 심리치료사를 찾는데, 치료는 이야기를 통해 시작한다. 심리치료사는 의뢰인의 이야기를 듣고, 치료에 도움이 되는 방법으로 과거와 현재의 관계를 보여주려고 애쓴다. 우리는 교실에서 주어진 과제와 우리의 이야기를 연결함으로써 이 작업을 이해할 수 있다. 이야기에 감성 지능을 더하게 되면 우리의 의식과 인식은 고양된다.

내가 좋아하는 다음의 이야기는 나를 깨닫게 하고 도움을 준다. 나는 이 이야기를 다음과 같이 설명하지만 듣는 이에 따라 다르게 해석될 수 있다. 자아실현의 과정을 잘 이해하고자 하는 학생이 교사에게 가서 말했다. "저는 종종 제가 생각하고, 말하고, 행동하는 것이 일치하지 않아 마음이 분열됩니다. 이 고통을 어떻게 끝낼 수 있을까요?" 교사는 분열의 가능성은 모든 이의 내면에서 일어나고 있다고 말했다. 우리 안에는 "병든 자아와 잘 해내고자 애쓰는 자아가 있고, 이 둘은 다투고 있죠" 이런 다툼에서 어떤 자아가 이기는지 학생들이 물었을 때, 교사는 "여러분이 지지하는 자아가 이깁니다"라고 답한다. 나는 이 이야기가 우리가 현실을 인식하는 방법뿐만 아니라 현실을 창조하는 방법에 대한 선택권을 가지고 있다는 것을 상기시킨다고 생각한다. 나는 이 이야기가 나의 선택과 내가 상상하고, 생각하고 믿는 것으로 내 현실을 결정할 수 있다고 말해주고 있다고 생각한다. 길을 잃었다는 기분이 드는 날이 있다. 그때는 이 이야기를 하고서 내가 어떤 자아를 지지하고 있는지 확인하고 도전함으로써 충만한 의식을 되찾을 수 있다.

이야기는 우리가 자아를 초월한 세상으로 연결되도록 도와준다.

우리는 이야기를 하면서 다른 이야기와 연결된다. 말이 통하지 않는 나라를 여행할 때, 우리 대부분은 언어로 말하지 않고도 우리가 말하고자 하는 이야기를 창조해서 의사소통한다. 동작으로 우리가 의미하는 것을 보여준다. 분명한 것은 전 세계에서 공동체의 삶은 이야기에 의해 유지된다는 것이다. 수많은 세계와 우리는 다양한 이야기를 통해 효과적으로 연결된다. 이러한 이야기는 삶의 방법이다. 따라서 이야기는 힘과 가능성의 기술을 가지고 있다. 우리에게는 더 많은 이야기가 필요하다.

가르치기 ⑩

이야기 공유

현대 페미니즘 운동이 “개인적인 것이야말로 정치적인 것이다”라고 주장한 것은 학문 중심의 교실을 근본적으로 변화시켰다. 변화의 경험은 정보만큼이나 가치 있다. 그리고 개인적 이야기가 학습 과정에서 자리 잡게 되었다. 몇몇 교실에서는 고백이 토론 수업의 중심이 된 최악의 상황도 발생했다. 이런 교실에서는 학생들이 개인적 이야기를 하면서 정해진 독서를 하지 않는 경우가 종종 있다. 교실에서 개인적 경험의 사용을 반대하는 사람들은 학습에서 경험을 이용하는 것을 비판한다. 그들은 이런 수업은 절대 학술적이지 않으며 학생들은 지적 작업에 참여할 수 없다고 했다. 딱 잘라 말해 이러한 주장은 사실이 아니다.

모든 수업에서 심지어 자연과학 수업에서조차 교수들은 요점이나 추상적 정보를 설명하기 위해 일화의 형태로 이야기를 사용한다. 이야기, 특히 개인적 이야기는 교실에서 공동체에 대해 가르치고 공동체를 만들기 위한 효과적 방법이다. 교실이 점점 다양해짐에 따라 더욱 그렇다. 한때 대학에는 주로 중산층과 상류 계급 백인들, 특히 백인들이 대부분이었다. 대학은 동질적이었고, 학생들은 어느 정도는 서로의 사적인 이야기에 익숙했다. 교실이 더 다양해지면 갈등과 논쟁이 일어날 가능성이 더 커진다. 교실이 다양할수록 다른 수준의 앎이 생길 가능성이 커지며, 결과적으로 교수들은 공동체를 구축하는데 이미 만들어져서 널리 알려진 지식에 의존할 수 없게 된다.

경험을 공유하며 학생들이 서로에 대해 배울 때, 공동체에는 학습을 위한 토대가 구축된다. 이때 교사는 학습의 도구로 경험을 사용하는 일이 지정된 독서를 방해하지 않도록 해야 한다. 일반적으로 과제와 연관된 글짓기를 할 때 나는 학생들에게 그들이 쓴 글을 친구들에게 읽어줌으로써 개인적 경험을 공유하도록 한다. 짧은 글을 읽는 것은 자연스럽게 개인적 고백을 하는 순간만큼 긴 시간이 걸리지 않는다. 학생들에 대해 더 많이 배우면서 나는 교사로서 나의 역할을 어떻게 섬길 것인가에 대해 더 잘 알게 된다.

수업의 마무리 혹은 질문에 대한 답으로 학생들에게 개인적인 글짓기를 요청한 경우에, 나 역시 한 단락 정도의 글을 작성한다. 학습공동체에서 불필요한 서열을 해체하는 것은 중요하다. 분명하게 짚고 넘어가자. 학생들의 작업을 오직 한 명의 교수가 평가할 때, 교실에서 우리의 지위는 결코 평등하지 않다. 이것은 교사가 독재자이거나 학생들 위에 군림한다는 것을 의미하는 것이 아니라 교사는 항상 교실에서 그가 가진 힘을 기꺼이 인식해야 한다는 것을 말한다. 우리 모두의 목소리가 똑같은 무게를 지니고 있다는 잘못된 생각을 하고 있어서는 안 된다. 교수들이 부과한 과제를 이해하기 쉽게 하려고 개인적 경험을 용감하게 공유하면, 진정한 학습공동체를 구축하기 위한 기반을 마련하는 데에 도움이 된다. 우리 스스로가 취약하게 됨으로써, 학생들은 위험을 감수할 수 있고, 약한 모습을 드러낼 수 있으며, 그들의 생각에 자신감을 가질 수 있게 된다. 이를 통해 그들의 생각을 적절하게 배려하고 존중할 수 있게 된다. 교사를 포함하여 교실에 있는 모든 사람이 개인적 경험을 공유하면, 각자가 지니고 있는 목소리의 고유성이 들리게 된다. 두 사람이 공통적 경험을 쓰고 말한다고 할지라도 항상 고유한 측면이 있다. 세부적인 측면에서 한 사람의 경험과 다른 사람의 경험은 구분된다. 주어진 과제에 대해 더 많은 것을 배우기 위해 학생들은 개인적 고백을 정리하고 사용하는 방법을 배워야 한다. 이러한 기술이 부족하면 개인적 고백은 단순한 자기과시가 될 수도 있다. 심지어는 가장 좋은 혹은 기억에 남는 이야기를 하려는 경쟁을 불러일으킬 수도 있다. 과제를 하지 않았을 때 개인적 경험을 이야기하는 방식으로 교실에서 빠져나가거나 읽기 과제를 회피하려는 학생들이 분명히 있다. 이러한 경우 학습은 방해받는다. 교실에서의 경쟁은 모두를 위축시키고, 학습을 구경거리로 전락시킨다. 몇몇 학생이 교실의 토론을 장악하는 동안 다른 학생들은 단지 수동적 관찰자가 된다.

교수들은 학생들이 입을 열지 않는다는 불평을 한다. 학생들은 선생님이나 동료들에게 부끄러움을 당할까 봐 두려워한다. 불행하게도 이런 일은 교사가 학생들의 말을 듣고자 하는 교실에서 발생하지만, 사실 교사들은 학생들의 말을 경청하는 데 두려움을 느낀다. 그 두려움은 교수가 설명할 수 없는 문제와 이슈에 대해 학생들이 이야기할지도 모른다는 단순한 공포 때문에 일어나기도 한다. 학생들이 개인적 경험에 초점을 맞추거나 경험을 이야기할 수 있는 토론에 참여할 수 있게 되었을 때, 그들은 이야기할 수 있거나 기꺼이 이야기할 것이다. 나는 학생들이 교실에서 읽은 것과 관련해서 글을 쓰는 것을 중요하게 생각한다. 모든 사람의 목소리가 들리게 하고 읽기 과제에 대한 토론 수업에 더 깊게 참여할 수 있는 토대를 제공하기 때문이다.

교실에서 서로의 개인적 경험을 듣는 것은 협력과 경청의 분위기를 조성한다. 개인적 경험을 공유하는 것은 쉬운 일이 아니지만, 그럼에도 불구하고 학습공동체를 창조하고 앎의 방법을 향상하는 데 큰 도움이 될 수 있다는 점에서 긍정적이다.

가르치기 ⑪

상상력

교사들은 참여교육을 창조하고 유지하는 데 있어 상상력이 주는 도움에 대해 거의 이야기하지 않는다. 주어진 교육과정 안에서는 사실과 정보를 공유하는 일이 대부분이기 때문에 상상력의 역할은 쉽게 간과된다. 그러나 우리가 상상하지 못하는 것은 존재할 수도 없다. 상상력 없이 데이터, 사실, 그리고 증명된 정보만으로는 다루어지지 않은 공간을 밝혀내기 어렵다. 데니스 레더는 『재정의된 학습』의 미출간 원고에서 교육자들은 무엇이 학습을 구성하는지에 대한 생각을 바꾸어야 한다고 주장했다. 그리고 상상력을 키우기 위해서는 주도성이 중요하다는 것을 교육자들이 이해해야 한다고 했다. 상상은 사실에 힘을 준다고 생각하는 학자들은 그의 이야기에 주목했다. 레더는 『진실을 향한 협상(Negotiation Toward Truth)』의 저자 조지 데이비드 밀러(George David Miller)의 다음 글을 인용했다.

> 상상력을 중요하게 여기는 교육자들은 창의성과 역동성의 필요성에 관해 확신한다. 상상력은 우리에게 일상적이고 안정적인 가능성의 테두리를 벗어나게 한다. 그러나 상상력은 이러한 가능성으로 우리를 내몰기보다는 통합한다. 이전에 분리되었던 것들을 연결한다. 통합은 창조적 행동이다. 이러한 일들은 새로운 길, 새로운 가능성, 새로운 희망, 그리고 새로운 꿈의 탄생을 보여준다. 그런데도 상상력에 대해서 거의 관심

을 갖지 않는다.

작가 토니 모리슨(Toni Morrison)[1]은 영재 아동을 위한 학교에 방문했을 당시 그곳의 학생들이 기술적으로는 극도로 앞서 나가 있다는 것을 발견했다(그들은 컴퓨터에 대해 모든 것을 알고 있었다). 그러나 이야기를 나누는 동안 그들의 상상력이 부족하다는 것을 발견했다. 전반적으로 우리 문화에서는 텔레비전을 보며 소비한 시간 때문에 창조적인 과정이 멈추는 것 같다. 우리는 어린아이들에게 상상하고, 그림을 그리고, 색칠하고, 상상의 친구를 만들고, 새로운 정체성을 창조하고, 마음이 가는 곳이면 어디든지 갈 수 있다고 지지한다. 그 후 아이들이 자라기 시작하면서, 상상력은 지식 습득을 방해할 수 있는 위험한 것으로 치부된다. 배움의 사다리에 올라갈수록 상상력에 대해 잊으라는 요구를 더 많이 받으며(예술이나 영화제작 등과 같은 창조적 분야를 선택하지 않는 한), 정말로 중요한 정보에 집중하라고 한다. J. B. 프리슬리(J. B. Priestley)는 다음과 같이 말했다.

> 아이들은 상상력이 매우 풍부하다. 그러나 몇몇 사람들은 아이들이 성숙해지기 위해서는 초콜릿으로 얼굴을 문지르는 습관과 같은 상상력을 버려야 한다고 생각한다. 그러나 상상력이 메말라 버린 어른들은 정신적으로 문제가 있거나 어느 한쪽으로 치우쳐져 있어서, 좀비나 살인자로 변할 위험이 있다.

지배적인 문화에서 상상력을 죽이는 것은 현실의 한계 안으로 모든 사람을 억압하고 억누르는 것이다.

교사들이 학생들의 존재에 대해 인정하기를 거부하거나 기본적인

---

1) 토니 모리슨(1931－). 아프리카 계 미국인 소설가이자 교수. 아프리카계 여성과 흑인 공동체에 대한 작품을 저술했다. 1993년 '가장 푸른 눈'으로 노벨 문학상을 받았다. (역자 주)

예의를 지키지 않을 때, 학생들이 위축된다는 이야기를 많이 듣는다. 그럴 때마다 교사들은 학생들을 도울 수도 있지만 다치게 할 수도 있고, 정서적으로 지지할 수도 있고 깨트릴 수도 있는 능력을 가지고 있다는 데 끊임없는 경외심을 느낀다. 사회 정의를 위한 모든 운동(반인종주의, 페미니즘, 동성애 권리)은 개인적인 것은 정치적이라는 것을 인정해야 한다고 주장했다. 사상가들과 운동가들은 지배적 문화에 대해 지속적으로 비판했다. 그리고 마음과 상상력의 "식민화"에 주목하는 기본 인권을 동등하게 보장받을 수 있게 하는 사회적 변화를 위해 헌신했다. 그들은 억압받고 착취당하는 집단의 개인들이 자기혐오의 방식으로 사회화된 여러 경로에 주목했다. 결과적으로 의식의 변화 없이는 책임감 있는 시민이 될 수 없다. 이러한 변화는 사람들이 일반적인 틀에서 벗어나 생각하는 법을 배우도록 요구한다. 틀에서 벗어나기 위해 우리는 새롭고 다른 방식으로 우리의 상상력과 관계를 맺어야 한다.

상상은 억압받고 착취당한 사람들이 사용할 수 있는 가장 강력한 저항의 형태 중 하나이다. 트라우마 상황에서 상상력은 생존을 위한 구명 밧줄을 제공할 수 있다. 학대받은 어린이들은 그들이 안전하게 머무를 수 있는 세상을 상상하면서 이를 견뎌낸다. 백인 우월주의 문화는 지속적으로 검음(black)을 부정적으로 묘사하는 공격을 했다. 이에 대한 저항으로 흑인들은 "흑인은 아름답다(black is beautiful)[2)]" 운

2) 1960년대 후반에 이르면 흑인민족주의의 새로운 흐름인 블랙파워운동 활동가들이 "흑인은 아름답다"라는 슬로건과 함께 흑인의 곱슬머리를 크게 부풀려서 둥글게 만든 아프로 헤어를 널리 퍼뜨리기 시작했다. 이러한 과정을 통해 아프로 헤어는 단순히 아름다움의 도구나 미적 경향을 넘어 하나의 정치적 표현의 수단이 되었다. 그리고 젊은 급진적 흑인 활동가들은 이를 적극적으로 활용해 자신들의 정치적 주장을 몸으로 표현했다. (출처: 이춘입(2017), 아프로 헤어 미국 급진적 흑인 여성의 미(美)와 정치적 주체성, 코기토 82(2), 186쪽)

동을 전개했다. 상상할 수 있는 능력이 없으면 사람들은 고착되고, 힘과 가능성으로 나아갈 수 없게 된다. 로사문드 스톤 잔더(Rosamund Stone Zander)와 벤자민 잔더(Benjamin Zander)는 그들의 책 『가능성의 기술: 직업적 그리고 개인적인 삶의 전환(The Art of Possibility: Transforming Professional and Personal Life)』에서 광범위한 참여 교육은 창조적 상상으로 촉발될 때만 일어날 수 있다고 설명했다. 책의 서문 "여행의 시작"에서 그들은 다음과 같이 주장했다.

> 우리는 일상생활에서 우리를 가로막고 있는 것처럼 보이는 많은 상황이 우리가 가지고 있는 가정의 틀에 기초해 작동하는 것처럼 보인다고 전제한다. 동일한 환경 주위로 새로운 프레임을 그려라. 그러면 새로운 길이 보일 것이다. 세상의 운영 구조를 혁명적으로 변화시키는 것은 우리가 누구이고, 우리가 무엇을 위해 여기 있는가에 대한 새로운 정의를 요청하는 것이다.

본질적으로 그들은 틀을 벗어나 생각하는 것에 관해 이야기하고 있다. 비록 로사문드와 벤자민이 "상상"이라는 단어를 자주 사용하지는 않았지만, 그들은 생존에 대해 염려하지 않으면서 "무엇을 할 수 있을지에 대한 끝없는 상상력을 가지고 열린 자세로 가능성의 광활한 공간에 서 있는 사람"을 증언했다. 교사가 학생들이 교실에서 자유롭게 상상할 수 있도록 해 주면, 변화의 학습을 위한 공간은 확대된다. 우리에게 주어진 시간 안에서 특정 그룹의 학생들을 참여시키기 위한 새롭고 참신한 가르침의 방법을 적용하게 된다면 우리가 하는 일에 상상력을 초대할 수 있게 된다. 아프리카계 미국 문학을 가르칠 때, 학생들에게 밖으로 나가 랭스턴 휴즈(Langston Hughes)의 시를 낯선 이들에게 읽어 주고 그들의 감상과 반응에 대해 작성하라는 과제를 주었다. 그들은 안전한 각자의 방이나 도서관에서 조용하게 읽지 않고 큰 소리로 시를 암송하게 된다. 학생들은 시를 읽음으로써 듣는 이에게 미치는 영향을 경험할 것이라고 상상한다.

어떤 과목을 가르치든지 간에 나는 교실에서 우리의 집합적 상상력을 북돋우기 위해 항상 즉흥적 글쓰기와 읽기를 사용한다. 우리의 마음이 자유롭게 돌아다닐 때, 우리의 상상력이 새로운 생각과 앎을 위한 더 깊은 참여 방법으로 우리를 이끌어 줄 창조적 에너지를 제공할 가능성은 커질 것이다.

가르치기 ⑫

강의하거나 하지 않거나

나는 청중들이 가만히 듣기만 하는 대형 강의를 더 이상 두려워하지 않지만 그러한 방식의 강의를 좋아하지도 않는다. 나는 청중들과 친해질 수 있는 작은 워크숍에서 가장 잘 가르칠 수 있다. 강의할 때면 거실에 앉아 몇몇 사람들과 이야기하고 있다고 상상하며 강의한다. 강의는 메인 요리가 나오기 전에 먹는 전채요리와 같다. 강의 이후 이어지는 질의응답 시간이 가장 중요한 순간이기 때문이다. 이때가 되면 나는 더 이상 혼자 이야기하지 않고, 참여적 관계 맺기가 가능해진다. 비록 주 강연에 비해 시간이 짧다 해도 질의응답 시간은 우리가 학습공동체로서 함께 모이는 순간이 될 가능성이 훨씬 더 크다.

그러나 이때 나는 종종 두려움을 느낀다. 충분히 좋은 대답을 하지 못하고 실수할까 봐 두려워한다. 나는 "잘못된(wrong)" 말을 하는 것이 두렵다. 내 말이 사람들을 결속시키지 못하고 소외시켜서 학습을 공유하지 못하고 서로 분리되게 만들까 봐 두렵다. 우리가 서로 사랑하는 것처럼 진정한 학습은 항상 상호적이다. 학생과 교사, 강연자와 청중 사이에서 학습이 일어나는 참여의 대화에서 양 당사자는 주고받고 있다. 교사나 강연자가 가르치는 것과 학생과 청중이 항상 배우는 것이 일치하지는 않는다. 강연을 마칠 때마다 나는 경청해 주신 청중들에게 감사의 말을 전한다. 청중들이 열심히 경청하면 나는 내가 하는 말에 훨씬 더 몰두하게 되고, 분명하고 호감 있게 내 생각을 전하기 위해 더 열심히 노력하게 된다. 내가 피곤하거나 컨디션이 좋지 않을 때, 그들이 건네는 "무언의" 선물은 내가 힘을 낼 수 있도록 해 준다.

강연자가 20분 이상 이야기하면 청중 대다수가 듣기를 멈추고, 다른 생각을 하고, 강연자로부터 분리되어 그들의 삶에 관한 생각을 시작한다. 강연 그 자체가 문제가 되는 것은 아니다. 그럼에도 나의 강연을 들은 많은 사람은 그들 생각의 방향과 삶의 관행을 건설적인 방향으로 바꾸었다고 말했다. 대형 강의가 학습하는 데 최적의 공간이라는 것을 믿지 않기 때문에, 그러한 피드백에 항상 감사한다.

가르치고 학습하는 것을 문화로써 진지하게 받아들이기 시작하면, 더 이상 대형 강의는 지금처럼 주목받지 못할 것이다. 여러 방면에서 강의는 학습자를 소극적으로 만들고 그들의 참여를 저해하는 가르침이다. 청중들은 종종 메모하지만, 강연이 끝나고 나서 학습을 위해 이 메모를 읽는 사람들은 드물다. 내가 강의를 들으며 작성했던 노트를 살펴보면서, 노트에는 강연자가 이야기했던 것이 거의 적혀있지 않다는 것을 알게 되었다. 물론 내가 필기하는 데 능력이 없어서 일수도 있다. 나의 노트에는 강의를 들은 순간의 나의 기분에 대한 기록이 더 많았다. 내 필기에는 청중과 전혀 소통하지 않고 계속해서 말을 하는 강연자 때문에 짜증이 났던 나의 심정이 적혀져 있었다.

몇 주 전에, 나는 불교를 중심으로 아시아 연구를 한 백인 남성 학자의 만다라[1]에 대한 강의를 들었다. 강연은 거의 두 시간 동안 이

1) 만다라(曼荼羅)는 불화의 한 종류로 그림을 통해 우주의 진리를 표현하는 상징 형식의 그림이다. (역자 주)

어졌다. 많은 학생이 청중으로 참여했고, 그들은 강연에 관심이 많았고, 활발했으며 집중하고 있었다. 그러나 50분간 빠른 속도의 강연이 지속되자 우리는 안절부절못하고, 질문과 대답의 시간이 시작되기를 기다렸다. 나는 항상 연설자가 지나치게 길게 이야기하는 이유를 생각했다. 때때로 그들은 알고 있는 모든 것을 자랑하고 싶은 욕망, 즉 지식에 대한 자만심을 드러내는 것 같다. 혹은 너무 긴장하고 겁이 나서 시간이 얼마나 지났는지 모를 수도 있다. 포틀랜드에 있는 한 인문대학에서 강의했을 때, 전 좌석이 청중들로 가득 찼었다. 나는 강의하는 데 50분의 시간을 맞추려고 했지만, 시간이 멈춘 것 같은 기분이 들었다. 나는 시계를 계속 봤다. 준비해 온 원고가 40분 정도의 분량밖에 되지 않았기 때문에, 나에게 주어진 시간을 채우기 위해 즉흥적으로 말하기 시작했다. 중간중간 너무 길게 말하고 있는 건 아닌지 확인하기 위해 시계를 보곤 했다. 그러다 많은 사람이 강연장을 나가고 있다는 것을 알아차렸다. 자세히 들여다보니 시계가 멈추어 있었다. 청중 한 명이 나에게 시간을 말해 주었다. 그리고 내가 쉬지 않고 말을 하고 있었다는 것이 너무 부끄러웠다.

많은 청중은, 특히 젊은 사람들은 내가 장황하게 흥분했다는 것을 알아차렸다. 그 후 과도했던 연설에 대해 사과했다. 청중들은 밤까지 계속 이어지는 떠들썩한 파티나 시 낭송회같이 연설자가 더 흥분한 힘든 마라톤 같았다고 했다. 그것은 값싼 오락거리였을지도 모른다. 질의응답 시간 동안 만회하기 위해 노력했지만, 그날 저녁 내 강연으로부터 많은 것을 배우기는 누구라도 힘들었을 것이라고 확신한다. 참여하고 싶어 하지 않는 청중들은 콘서트와 같은 강연을 더 좋아한다. 콘서트에서 당신은 음악에 리듬을 타도되지만, 흘러나오는 음악을 이해하려고 노력하지 않아도 된다. 그리고 나면 연설은 구경거리가 된다. 오벌린 대학의 학생들에게 학자이자 활동가인 안젤라 데이비스

(Angela Davis)의 강연에 참여하라고 했던 기억이 난다. 학생들은 그녀의 연설이 "훌륭하다"라고 했고, 군중들의 열기와 반복해서 기립박수가 터져 나왔다고 이야기했다. 학생들에게 그들이 무엇을 배웠는지 공유하자고 했을 때, 그들은 대답하기 힘들어했다.

대형 강의를 자주 하는 대부분의 교수처럼 나는 원고를 가지고 강연을 하게 되면 멈추지 않고 강연을 이어갈 가능성이 훨씬 적다는 것을 알게 되었다. 반면, 그 불교학자는 너무 많은 자료를 가지고 있어서 자료를 보지 않기도 했지만, 그가 강조하고 싶은 부분으로 다시 돌아가려고 할 때 헤매기도 했다. 그는 말을 너무 많이 반복했다. 그는 지식이나 정보를 뽐내려 하지는 않았지만, 우리를 가르치려다 그가 무엇을 말하고 있는지를 잃어버렸다. 대형 강연에서 가르치기 위해서는 청중과 소통하기 위해 더 열심히 노력해야 한다. 특히 조명이 어둡고 강연자와 청중이 서로의 얼굴을 마주하지 못하는 환경에서는 더욱 그렇다. 청중은 듣고 있지만 듣고 있지 않은 수동적 희열에 빠질 수 있다.

질의응답 시간에 일어날 수 있는 가장 최악의 시나리오는 강연자가 말을 할 때는 졸고 있었던 사람이 맨 먼저 마이크를 향해 다가가는 것이다. 대부분의 강연자가 두려워하는 순간이다. 학문적 예의와 부르주아적 태도는 우리가 예의범절이 당연하게 받아들여지는 것처럼 교육을 당연하게 받아들이도록 했다. 그래서 강연자가 무슨 말을 하든지 간에 가치 있다고 여기게 되었다. 이것은 실수다. 청중 누군가가 길게 질문하면, 내가 정중하게 그들이 말하는 도중에 끼어들 것이란 것을 청중들에게 알리는 것이 유용하다. 내가 아주 친절하게 애정을 담아 그들의 말을 끊는다고 해도, 이것은 쉬운 일이 아니다. 모든 질문에 대답해야 한다는 압박을 느끼지 않는 것 또한 필요하다. 학문적 전통에서는 대중 연설을 할 때 내가 만약 답을 모를지라도 모든 질문에 대답하라는 훈련을 받았다. 만약 내가 그 대답을 모른다면, 내가 아는 것처럼 행동하라는 것이다. 얼마나 끔찍한 가르침의 실천인가! 나에게는 정직하게 내가 모르는 것에 모른다고 말하고 그 질문에 대해 생각하고 나서, 나중에 다른 방법으로 답을 주는 것이 최선이다. 학계는 청중들이 우리를 부끄럽게 여기거나 혹은 더 심각한 경우 우리를 똑똑하지 않다고 생각할까 봐 우리가 "답"을 모른다고 고백하는 것을 두려워한다. 인종, 젠더, 계급이 이러한 상황에 적용되었을 때, 무가치하고 좋지 않은 것으로 인식되는 것은 더욱 위험하다.

내가 대형 강의를 비판하는 가장 큰 이유는 종종 청중들이 내가 말하지 않은 강연 내용을 추정한다는 점이다. 만약 강연을 15분에서 20분 정도 줄인다면, 강연자와 청중이 함께 오해하거나 추정할 수 있는 지점을 다시 점검하는 데 충분한 시간을 가질 수 있을 것이다. 요즘 청중들은 자신이 "들은" 것을 온라인에 자주 "보고"하기 때문에, 오해가 일어날 가능성이 훨씬 높다. 그리고 강연자가 실제로 하지 않은 말이 잘못 전달될 가능성도 높다.

모든 범위를 아우르는 대형 강의에서 벗어나, 중요한 움직임이 있기를 기대한다. 종종 농담 삼아서 내가 학계를 통치하게 된다면 밤늦게 대화하거나, 리셉션(reception) 시간이 길어지거나, 의미 없는 한담을 가질 여유는 더 이상 없을 것이라고 말한다. 유색인 강사와 흑인 강사의 강연이 많지 않기 때문에, 다른 그룹과 비교해서 우리가 가능한 한 모든 문제를 다룰 것이라는 기대를 받는다. 한 학교에서 강의하는 백인이 아닌 강사는 일 년에 단지 한두 명이다. 그렇기에 이 강사들은 모든 주제에 대해 논평해야 한다고 생각할 가능성이 높다. 유색인 강사와 흑인 강사를 요청할 때 강사들의 연구주제가 아닌 피부색에 근거하여 강의하도록 요청받기도 한다. 초청하려고 하는 흑인 강사가 지겹게 웅얼거리는 사람임에도 강사 명단에 다양성을 두지 않는 것이 “나쁠 것 같아” 그 사람을 초빙할 것이라는 말을 듣기도 했다. 흥미롭고 매력적인 강사들이 많이 있다. 단지 그들을 찾는 데 조금 더 시간이 필요할지도 모른다.

대형 강의가 가진 가장 큰 장점은 새로운 독자들을 만나 자신의 일에 대해 알릴 수 있다는 것이다. 가끔 강연이 끝난 후 사람들은 다가와서 강사에게 당신이나 당신의 글을 들어본 적이 없지“만”, “강연을 듣고 난 후 더 알고 싶어요”라고 이야기한다. 강연의 역할을 다르게 생각해 보자면 이 강의가 단지 공연이나 구경거리가 되지 않고 이후 다른 장소, 다른 시간에서 일어날 학습을 위한 준비 시간이 될 수 있다는 것이다.

가르치기 ⑬

교실에서 유머

교사들은 똑똑하고 진지하게 보이는 것을 중요하게 생각한다. 하지만, 우리는 너무 진지해져서 교실을 재미있게 만들 여지를 남겨 두지 않는다. 많은 학자와 지식인과 마찬가지로 어린 시절의 나는 유머가 중요하다고 생각하지 않았다. 고등학교 내내 나는 심각한 학생이라고 소문이 났었다. 우리 집은 문제가 있는 가정이었고, 불행한 가정환경 때문에 내 마음은 항상 심란했다. 가부장적이고 난폭한 방식으로 우리를 양육한 부모는 오직 그들만이 영향력을 행사해야 한다고 믿었기 때문에, 우리가 학교에서 만난 학생이나 교사, 그 누구로부터도 영향을 받는 것을 용납하지 않았다. 가정의 규칙과 학교의 지식 사이에 놓인 간극 사이를 헤매는 것은 항상 힘이 들었다. 부모에게 무엇을 감추어야 하고 무엇은 알려야 할지 판단해 보려고 노력했지만, 마음은 심란했다. 무엇보다도 가정과 학교생활 모두 즐겁지 않았다.

공부하는 재능을 가지고 있지만, 괴짜나 멍청이로 놀림 받는 학생들은 우리가 알고 있는 것 이상으로 고통을 겪고 있거나 트라우마에 시달리고 있다. 우리 중 대부분은 그저 무감각하게 입을 다물고는 관계를 끊고 있다. 나는 유쾌한 학생이 아니었다. 나는 마음속으로 웃음, 일반적으로 유머라고 하는 것을 포기하고 살았다. 고등학교와 대학교 시절 나는 되는대로 살아가려 하기보다는 치열하게 삶을 붙들고 있으려 했다. "재미"있는 일도 없었고, 웃을 일도 전혀 없었다.

대학원에 들어가자 즐거운 소녀로 보이지 않는 일은 훨씬 더 중요해졌다. 매일 교수로부터 여학생은 남성만큼 잘하지 못한다는 말을 들어야 했던 남성 지배의 성차별적 학계에서 성공하기 위해 진지하게 보이려고 노력해야 했다. 학문적 연구를 할 수 있는 능력이 있다고 보이는 것은 중요했다. 이러한 상황에 인종과 계급의 문제가 더해지면, 흑인 여성들에게는 진지한 페르소나를 선택하는 것이 훨씬 더 중요해졌다. 대학 시절 친구들과 동료들은 "네가 술을 마시거나 취한 모습을 보고 싶어"라고 말했다. 내가 너무 진지했기 때문에, 그들은 내가 조금만 긴장을 풀면 더 즐거워질 수 있을 거라고 믿었다.

웃음에 대해 배우기 전까지 나는 항상 흑인으로서 정체성을 잃지 않으면서, 해체주의적 태도를 가지고, 급진적인 페미니스트-악녀-디바(feminist-bitchy-diva) 정도는 되어야 위트있는 말을 사용해도 된다고 배웠다. 비판적 독서를 하고 빈정대고 경멸하는 등의 남을 깎아내리는 악랄함을 갖춘 여성이 되어야 했다. 당신이 "차갑고, 신랄하게" 대답한다 해도 위트가 있다면, 청중들은 재미있어 할 수 있다. 건강한 웃음을 즐기는 것보다 쿨하게 보이는 것이 더 재미있다. 위트가 있다는 것은 예리하고, 눈치가 빠르며, 즐거움을 주려는 의도를 가지고 있다는 것을 의미한다. 말솜씨가 있어도 위트있게 이야기하려다 실패할 때가 있다. 청중들은 종종 위트를 "이해하지 못해" 웃지 않는다. 한때 나는 농담에 능숙하지 않았고(내 농담은 항상 어려운 성경 해석 같았다), 농담을 이해하지도 못했다(급소를 찌르는 대목을 이해하지 못했다). 그래서 나중에 그 농담에 대해 설명을 들어야 했다.

아이비리그 대학의 영어학과에서 조교수직로 재직하며 가르치기 시작할 무렵, 나는 교실에서 심각한 분위기를 감지했다. 학생들은 기대에 미치지 못할 것이라는 두려움과 걱정을 숨기고 있었다. 학생들은 실패를 두려워하는 것이 아니었다. 대부분의 학생은 그들의 학업 지능을 너무나 잘 알고 있었다. 그들이 다른 누군가가 자신보다 더 똑똑하다는 것이 밝혀질까 두려워했다. 초초한 교실 분위기에서 나는 위트있게 하려고 노력했다. 아무도 웃지 않았다. 솔직하게 말해, 씁쓸한 웃음을 짓지도 않았다. 나는 교실을 좀 더 재미있게 하려는 시도를 포기하지 않았다. 대신 농담을 하고서는 학생들에게 "웃으라고 한 말이었어요"라고 말하기 시작했다. 유머라니! 학생들은 오히려 내가 그들을 웃기는 데 실패했다는 시도에 웃음을 터뜨렸다. 학생들이 어떤 때에 웃는지 이해하고 나서, 효과적인 가르침의 전략을 계속 찾았다. 그러면서 학생들에게 내가 아직 재미가 없다는 것을 사과하고는 했다. 학생들에게 "내 농담은 엄청 재밌는 거예요, 여러분이 이해하지 못할 뿐이죠. 좀 더 노력해 봐요"라고 말하곤 했다. 그들은 이따금 웃기 시작했다. 그들은 위트를 이해하기 시작했다.

내 수업을 수강하는 학생 중에 유난스러운 학생들이 있었다. 그들은 재미있게 하려는 나의 노력을 지지해 주었다. 나는 옷 입는 스타일을 제외하고는 루폴(RuPaul)[1]을 빼닮은 무용수의 체형을 가진 키 큰 흑인 남학생을 가장 좋아했다. 그는 맨 앞줄에 앉아서 나를 흉내 내며, 단점을 꼬집기도 하면서 모두를 웃게 했다. 나는 웃음으로 함께했다. 그 순간 교실은 밝게 빛났다. 나는 위트와 평상시 사용하는 구식 유머가 교실을 좀 더 열린 분위기로 만드는 데 도움이 된다는 것을 깨달았다. 간단히 말해, 웃음을 공유하는 것은 사람들을 더 가깝게 만들 수 있다. 특히 다양성이 너무나 높아 서로 분열되어 있는 교실, 우울

1) 루폴(RuPaul)은 미국의 영화배우이자 가수로서, 여성성을 연기하는(드래그 퀸) 것으로 유명세를 가지고 있다. (역자 주)

한 실상을 학습 주제로 다루는 교실에서는 더욱 도움이 된다.

지금까지 소중하게 여겨졌던 신념 체계에 도전할 수 있는 새로운 사고방식과 앎을 학습하는 교실에서 유머는 조정 역할을 한다. 지배 문화와 인종주의, 성차별, 계급 엘리트주의, 종교적 근본주의, 동성애 혐오 등을 직면하도록 배우는 수업에서 학생들은 우울함을 느낄 수 있지만, 무력감에서 벗어날 수도 있다. 정체성, 경험, 생각, 의견에 있어서 차이가 분명할 때, 교실의 학생들은 긴장하고 다툴 수 있다. 유머는 토론이 너무 심각하고 치열해질 때 여유를 가져다준다.

유머를 구사하려다가 종종 오해가 발생하고, 우리를 즐겁게 하려고 한 일이 긴장감을 유발하기도 한다. 요즘 나는 대부분의 직원과 교사 그리고 학생이 사회적 정의에 헌신하는 대학에서 가르친다. 그곳에서 모든 형태의 지배를 종식시키기 위해 우리가 부딪쳐야 하는 모든 중요한 문제에 대해 다룬다. 게다가 이 학교는 기독교 대학이다. 내가 가르쳤던 모든 장소를 통틀어, 가장 유머가 부족한 곳이다. 사람들은 종종 다른 사람들의 감정을 해칠까 봐 지나치게 걱정해서 스스로를 검열한다. 수업을 시작한 첫해에 뉴욕대학의 백인 남성 교수 론을 초대했다. 그와 나는 교수 워크숍에서 가르침에 대해 함께 간담을 나누기로 했다. 우리가 대화할 수 있는 시간은 고작 한 시간 정도였다. 자기소개를 마치고 론은 이야기를 시작했다. 그리고 계속 말했다. 마치 그가 혼자 이야기하러 온 것처럼 계속해서 말했다. 나는 혼란스러웠고 짜증이 났다. 참다못해 그의 말에 끼어들었고 영화 『백인은 뛸 수 없다(White Men Can't Jump)』[2]라는 영화에 빗대어 "백인은 뛸 수는 없지만, 횡설수설 할 수 있군요"라고 농담을 던졌다. 몇몇 참가자들이

---

2) 1992년 '론 셸턴(Ron Shelton)'이 감독을 맡은 할리우드 영화. 우리나라에는 '덩크 슛'이라는 제목으로 출시되었다. (역자 주)

웃었다. 이후에 교수진들은 초대 손님에게 무례했다고 걱정했다. 농담을 던진 직후에 나는 론이 오늘 하고 싶은 말이 많았고 우리는 기꺼이 이야기를 듣고자 한다고 설명했다. 그러나 우리가 대화하고 있지 않다는 것을 짚고 넘어가는 것이 중요하다고 생각했다.

나는 론의 말에 끼어들어 이렇게도 말할 수도 있었다. “론, 우리의 목적이 대화에 참여하는 것인데, 당신은 독백을 하고 있군요. 당신이 왜 그러는지 이해가 안 되네요” 이렇게 직접적으로 부딪히는 것보다는 유머 있는 논평으로 넘기는 게 이 경우에는 더 적절해 보였다. 그 후에 론과 나는 강의에 대한 비판적 피드백을 주고받았다. 그는 자신이 “너무 흥분했다”고 인정했다. 그는 할 말이 많아 그것을 전부 말하고 싶어 했다. 글쎄. 학계에서 백인 남성들이 많은 유색인종의 목소리 잠재우려고 그들 목소리의 힘을 얼마나 많이 이용했던가. 나는 발언 시간을 거의 갖지 못했다. 그래서 혹시 그가 나와 경쟁하는 것처럼 느꼈는지 혹은 나의 발언 시간을 막아 경쟁에서 이기려고 한 것인지 확인할 필요가 있다고 했다. 심각한 토론 끝에 우리는 함께 웃었다. 론은 “백인은 거들먹거릴 수 있다”라고 인정했다.

수년 동안 교육에 대해 함께 대화했음에도 불구하고, 이런 공개적 대화에 함께 참여하는 기회를 만드는 건 쉽지 않았다. 솔직히 나는 론에게 잔뜩 화가 났다. 나는 백인 남성 교수가 흑인 여성과의 상호적 대화에 참여하는 모습을 교수진들이 볼 수 있는 계기를 마련하고자 했다. 그러나 그가 이런 기회를 조롱했다고 느꼈다. 우리의 상호 작용이 본보기가 되었으면 하는 바람이었다. 그러나 실패했다. 그 후에 나는 교수진들로부터 손님에게 정중하지 못했다는 불평을 들었다. 그들은 중요한 것을 놓치고 있다. 론에게 모든 이목이 집중되는 순간에 내가 농담을 던진 이유는 인종과 젠더의 정치를 위트있는 비판으로 다루기 위함이었다. 학계에 있는 사람들은 유사한 상황에 마주한 적이 없다. 쉬지 않고 계속 말하는 백인 남성의 이야기를 듣고 있으라고 강요받은 적이 없다. 론과 내가 이 사건을 어떻게 인식하고 있으며, 어떤 일이 일어났는지 확인하고 비평을 나눈 것은 인종주의와 성차별주의를 끝내자고 한 우리의 약속을 이행한 것이다. 우리는 서로에게 화를 낸 적도 거의 없다. 적대감이 있음을 인정하는 비판적 피드백에 참여하는 것보다 그저 그 순간을 모면하려고 내버려 두는 것이 우리에게 더 쉬웠을지도 모른다. 적극적으로 문제를 드러내면 우리는 벌어진 일에서 학습할 수 있고, 우리를 연결시키고 함께하게 만드는 고리를 찾을 수 있다. 우리 서로를 멀어지게 하고 분리시키는 다툼보다 함께 웃을 수 있는 우리의 능력은 항상 더 가치가 있다.

교사와 학생은 다툼에 대한 두려움 때문에 교육적으로 의미 있는 문제를 직접적으로 다루기를 거부하기도 한다. 워크숍에 참여했던 백인 여성과 흑인 여성들 대다수는 론이 그 순간을 자신을 돋보이는 데 이용했다는 것을 말하려는 나의 의지에 용기를 얻었다. 우리는 모두 여성과 남성 사이의 권력 차이가 큰 상황에서 여성들이 남성들에 맞서기가 쉽지 않다는 것을 알고 있다. 근본적으로, 유머는 사람들 사이에서 서로 간에 일어난 일에 관해 이야기할 수 있는 분위기를 조성하는 데 도움이 된다.

공립학교 교사, 대학교수 그리고 학생과 이야기를 나누면서 모든 사람이 교실에서 유머의 중요성에 대해 동의한다는 것을 알게 됐다. 가난한 지역의 도심 학교에서 가르치는 나의 자매 G.는 그녀가 엄격한 사람이 되어야 한다고 생각하곤 했다. 학생들이 그녀가 교실에서 절대 웃지 않는다는 사실을 알려주었을 때, 그녀는 깜짝 놀랐다. 그녀는 힘과 권위 그리고 통제권을 잃을지도 모른다는 두려움에 유머와 웃음을 누르고 있다는 것을 깨달았다. 자신의 재미있는 모습을 드러내기 시작했을 때, 그녀는 약해졌다고 느꼈지만 학생들은 함께 웃음으로써 맞이하게 된 취약함과 개방감에 감사했다. 웃기 시작하면 생각과 꿈, 위대한 아이디어를 창조하는 우뇌가 활성화되기 시작한다.

학습을 재정의하고자 하는 교육자들이 향후 교실에서 유용하게 유머를 사용 방법에 대해 논의하기를 희망한다. 우리는 모두 서로를 멀어지게 하는 부정적 유머, 특히 서로를 경멸하는 유머(저질스러운 대화를 하면서 유색인과 백인 여성을 폄하하는 유머)를 알고 있다. 우리는 유머의 치유력에 익숙하지 않다. 유머로 인해 교사나 학생들이 상처를 받는다면, 그것은 교실에 있는 모두의 책임이다. 어떤 일이 일어났는지 알아내고 눈물을 치유하기 위한 방법을 찾는 것은 교실 정치공동체로서 그곳에서 함께하는 우리 모두의 일이다. 모든 교사는 유머가 학습을 강화하고, 공동체의 결속력을 창조하고, 공동체의 결속을 다지는 힘을 가지고 있다는 것에 대해 연구할 필요가 있다. 교실에서 함께 웃을 때 교사와 학생들은 평온함을 찾을 수 있게 되기 때문이다.

가르치기 ⑭

눈물의 시간

"실제 삶"과 밀접하게 연관된 힘든 주제를 다루게 될 때, 학생들은 울음을 터트리기도 한다. 많은 흑인 교수는 수업 중에 눈물을 보이는 학생들을 만나는데, 그들은 보통 백인 여성들이다. 흑인 페미니스트인 동료는 이 학생들을 "눈물 흘리는 백인 소녀 신드롬"이라고 말하면서 이 일에 대해 이야기하고 싶어 했다. 흑백의 인종적 역학을 교실에서 논의할 때, 수치심과 부끄러움으로 눈물을 흘리는 일이 자주 있다. 인종 문제와 관련된 무겁지 않은 주제에 대해 다룰 때 감정적 거리는 발생하지 않는다.

30년 전쯤 나는 흑인 여성 작가들의 소설을 가르치기 시작했다. 우리가 읽은 소설에 대해 학생들은 진지하게 반응했고, 백인소녀와 흑인 소녀들은 눈물을 흘렸다. 특정 소설을 읽었을 때 흑인 소녀들은 자주 울었다. 그들의 자존감을 해친 내부화된 인종차별의 고통에 대해 처음으로 공개적으로 논의했기 때문이다. 이런 경험은 토니 모리슨이 그녀의 첫 번째 소설 『가장 푸른 눈(The Bluest Eye)』"[1]을 쓰는

---

1) 토니 모리슨이 1970년에 발간한 첫 번째 소설. 성, 인종, 경제적 지위 등으로 인해 비극적 삶을 맞이하는 주인공의 운명을 그리고 있다. 가장 푸른 눈은 백인 남성 문화가 흑인 여성의 육체를 지배하는 사회에서 푸른 눈을 가짐으로써 모든 불행을 갖고자 하는 이루지 못한 소망을 상징한다. (역자 주)

데 자극이 되었다고 한다. 그때 당시만 해도 흑인 소녀들의 이야기를 중심에 둔 소설이 거의 없었다는 것을 인식한 것이다. 피부색에 따른 카스트 제도를 몰랐던 백인 여학생들은 흑인들이 진술하는 고통에 압도당해 눈물을 흘렸다. 이러한 차별이 흑인 아이들의 신체와 존재에 얼마나 큰 영향을 미치는지까지는 몰랐었던 것이다. 몇몇 교수들은 백인 소녀들이 관심을 끌기 위해 눈물을 흘린다고 생각했다. 눈물이 토론 수업을 저지하는 방해물이라고 생각하기도 했다. 그들이 의도하고 하는 행동이든 그렇지 않든 간에, 그럴 때가 있다. 깊이 있는 계급 토론을 할 때 훌쩍거리는 학생의 눈물이 수업에 도움이 되는지 아니면 방해가 되는지를 교사가 알아차리는 것이 중요하다. 가장 좋은 방법은 학생들에 대해 파악하고, 첫 번째 수업에서 개개인이 다르게 반응하는 방식을 관찰하는 것이다. 때로는 교실 밖에서 일어난 일들로 인해 슬퍼하고, 교실 안에서 나온 말들로 인해 감정이 격해질 수 있다.

불행했던 10대 시절, 나는 늦은 오후의 역사 수업 시간에 조용히 흐느껴 울고는 했다. 주변 학생들과 교사들은 모르는 척했다. 그 고등학교는 인종차별정책이 철폐된 지 얼마 되지 않은 곳이었다. 흑인 학생들은 평소보다 일찍 일어나 버스를 타고 "백인" 학교에 가야 했다. 거기에서 우리는 체육관으로 들어가 백인 학생들이 도착해서 학교에 먼저 들어가기를 기다려야 했다. 백인 우월주의는 이것이 평화를 유지하는 길이라는 논리를 펼쳤다. 국가방위대(the National Guard)와 총으로 무장한 백인 경찰들이 있음에도 불구하고, 행정가들에게는 흑백 통합이 문제없이 이루어지고 어떠한 인종적 사건도 일어나지 않는 것이 매우 중요했다. 백인들로 가득 찬 교실에는 두 명의 흑인 학생이 있었는데, 그 누구도 나의 감정과 슬픔을 인정하고 싶어 하지 않는 것도 놀라운 일이 아니었다. 선생님들은 나의 감정적 무너짐을 가정 문제 때문이라고 생각했을 것이다. 나의 심리치료사는 이 수업이 집으로 돌아가기 전 마지막 수업이었는지 물어본 적이 있다. 누구도 이 사실을 직면하고 싶어 하지 않았다. 내가 우울함, 자살 충동 등 어떤 감정을 느꼈든지 간에 그들은 나의 감정을 무시하는 편이 더 낫다고 생각했다. 나는 자주 자살을 생각했다. 그래서 내가 정말 자살한다면 그들이 뭐라고 할지에 대해 상상했다. 내가 슬픔에 휩싸인 채 교실에 앉아 있던 것에 대해 누가 말할 수 있을까? 집에서 나는 울보였지만 나의 여섯 형제는 울지 않았다. 형제들은 나를 배우 장 오트리(Jean Autry)라고 별명을 붙였다. 그녀는 "가여운 어린 부자 소녀" 역할을 맡아 발작하듯 우는 연기를 했다. 대학원에 진학했을 때, 나는 더 이상 울지 않았고 나의 슬픔은 지배자 문화와 이 모두를 유지했던 사람들을 향한 강력한 분노로 묻혔다.

수업 시간에 독서를 하거나 토론을 하던 중에 격정적인 눈물을 흘리는 학생들을 마주할 때가 있었다. 내가 학교에 다니던 시절 눈물을 흘렸던 기억과 그들이 나를 무시했던 일이 다시 떠올랐다. 나는 내 학생들이 백인이든 흑인이든지 간에 그들의 감정을 무시하고 싶지 않았다. 나는 그들의 눈물을 인정했다. 그리고 주제에 대한 우리의 인식을 높이기 위해 감정을 사용하려고 했다. 모든 교수, 특히 여성 교수들처럼 나는 내 학생들 앞에서 울고 싶지 않았다. 여성으로서, 특히 페미니스트적 관점으로 학문에 접근하고 있는 우리는 여성이 남성과 동등한 지적 능력을 갖추고 있지 않다는 성차별적 관념이 여전히 팽배하다는 것을 알고 있다. 성차별적 사고방식은 모든 여성이 때때로 감정이 사로잡혀 "실패할 것"이라는 가정으로 우리의 열등한 지위를 드러낸다. 대부분의 여성 교수들은 이러한 성차별적 사고를 강화하고 싶지 않아서 교실에서 눈물을 흘리지 않을 것이다.

내가 처음 수강한 여성학 수업은 작가이자 활동가인 틸리 올슨(Tillie Olson)[2)]의 강의였다. 가난, 출산, 비혼모의 삶 그리고 박정한 남편의 부당한 대우에 대한 그녀의 가슴 아픈 이야기를 하는 도중에 그녀는 울음을 터뜨리곤 했다. 여성으로서 감내해 온 그녀의 삶에 대해 비판적 질문을 받는 바로 그 순간 그녀가 눈물을 흘린 것 같았기 때문에 나는 아무런 감동도 받지 않았다. 나는 그 눈물을 "국가의 탄생(birth of a nation)"[3]이라는 영화의 부제 "고통의 눈물을 흘리는 백인 소녀" 버전 정도로 싸구려 감성을 불러일으킨다고 생각했다. 학부 시절의 나는 오만한 태도로 (수업이 끝난 후, 감정을 공개적으로 드러내는 것에 대한 토론에서) 그녀가 교실에서 울어서는 안 된다고 주장했다. 나는 독서와 비판적 토론을 하는데 눈물은 방해가 된다고 했다. 흑인 남성 작가이자 문화 비평가인 제임스 볼드윈(James Boldwin)은 "지나친 감상은 과도하고 거짓된 감정을 과시하는 것이다. 이는 정직하지 않음의 흔적이며 감정적 무능이다"라고 했다. 이러한 정의는 청중의 감정을 조절하려고 눈물을 사용하는 거짓된 정서를 멋지게 표현하고 있다. 나는 여러 교실에서 유일한 흑인 여학생이었다. 백인 친구와 의견이 불일치할 때, 나는 강력하게 내 의견을 주장했고 그녀를 울게 만들었다. 그 일로 우리는 관심의 중심에 서게 되었다. 결과적으로 다른 이들로부터 동정을 받았으며, 우리가 언쟁했던 문제는 관심에서 멀어지게 되었다. 눈물은 주위를 산만하게 하는 무기가 될 수 있다는 것을 알게 되었다. 나는 눈물로 스스로를 표현하는 강력한 분노의 표적이 되었다. 이러한 감정적 협박이 교실에서 일어날 때, 그것 역시 가르침

---

2) 1912–2007. 미국의 제1세대 페미니스트로, 그녀 자신의 삶과 미국의 사회적·정치적 상황을 작품을 통해 발표했다. (역자 주)

3) D.W. 그리피스 감독의 1915년 영화. 영화계에서 작품성을 인정받고 있지만, 이 영화의 원작인 "클랜스맨–KKK단의 역사적 로망스(Clansman–An Historical Romance of the KuKluxKlan)"가 흑인에 대한 인종차별적 폭력을 행사했던 KKK단의 창단과 의의를 인종차별적 시각에서 기술하고 있다는 점에서 비판받고 있다. 훅스는 이 영화 원작의 부재에 빗대어 올슨의 수업을 비판했었던 것처럼 보인다. (역자 주)

의 도구가 될 수 있다.

할렘의 시티 칼리지(City College)에서, 나는 제임스 볼드윈(James Baldwin)에 관한 주제를 다양한 학생들에게 가르쳤다. 가장 영리했고 참여를 잘했던 학생 한 명은 아이슬란드에서 온 젊은 금발의 여학생이었다. 우리는 볼드윈이 아버지에게 심하게 구타를 당했던 장면을 묘사한 자전적 글을 읽고 있었다. 아이들에게 신체적 체벌이 허용될 수 있는지에 대한 논의로 이어졌다. 나이가 좀 든 흑인 여성이자 비혼모인 학생이 말했다. "나는 아들이 있어요. 그리고 난 아이를 때려야 해요. 제 아들은 공부해야 하기 때문이죠. 그렇지 않으면 이 비열한 거리에서 어떤 백인 경찰에게 살해당해 죽을 거예요" 한 흑인 남학생은 그의 어머니가 빗자루, 철 막대, 램프 등 손에 닿는 건 무엇으로도 그를 때린 것을 이야기하면서 결코 어머니를 용서하지 않을 것이라고 했다.

이 격렬한 토론 중에 기혼의, 두 아이의 엄마이자 젊고, 금발에 푸른 눈을 가진 북유럽 학생은 겁에 질렸다. 그러고 울면서 교실을 뛰쳐나갔다. 그 순간 나는 그의 울음에 집중할지 혹은 볼드윈의 글에서 제기된 문제들을 개인적 이야기로 연결하는 토론에 집중해야 할지를 결정해야 했다. 그의 얼굴 위에 드러난 공포를 보고는 선택을 할 수 있었다. 우리가 다루고 있는 문제에서 벗어나서는 안 되며, 우리의 이야기에 대해 부정적으로 판단하지 않도록 하는 것이 중요하다고 느꼈다. 나는 학생 대부분이 흑인인 교실에서 백인이 어떻게 흑인의 경험을 해석하는지가 가장 중요하다는 반응을 강화시키고 싶지 않았다. 토론이 진행되는 중에 교실의 누군가에게 자리를 떠난 교실 멤버를 찾아보고 그녀가 진정되었는지 알아봐 달라고 부탁했다. 그는 교실로 돌아와서 거친 뉴욕사람들에게 그의 나라에서는 부모가 그들의 아이를 때렸을 때 체포될 수 있다고 설명했다. 나는 볼드윈이 당한 끔찍한 구타가 작가로서 그의 발전에 긍정적인 영향을 미쳤는지 부정적인 영향을 미쳤는지에 대해 탐구하는 한 페이지 정도의 글을 쓰도록 과제를 주었다.

정서적 인식과 감정적 표현은 교실에 필연적으로 존재한다. 그러나 대부분의 교사는 울지 않고 격렬하게 감정적 표현을 하지도 않을 것이다. 교사들은 감정적으로 격해진 학생들을 맞닥뜨렸을 때, 적극적으로 대응하는 방법을 훈련받지 못했다. 만약 우리가 교사가 되기 위한 과정에서 정서적 지성을 중요하게 생각하도록 훈련받았다면, 우리는 교실에서 일어나는 감정 문제를 능숙하게 이용할 수 있도록 준비되었을 것이다.

교사들도 교실에서 그들의 감정을 드러낸다. 교실에서 눈물을 흘리지 않으려고 노력하지만 참을 수 없는 때가 있다. 최근 나는 대학원생으로 공부했던 산타크루즈(Santa Cruz)에 있는 캘리포니아 대학에서 학생들을 가르쳤다. 대학원에 다닐 때, 나는 동료 대학원생 중 백인 여성 한 명과 많은 부분에서 의견 불일치를 보였다. 그도 나처럼 인종, 젠더 그리고 계급에 집중하는 교수가 되었다. 이번 학기가 시작되기 직전에, 나는 그의 때아닌 죽음을 알게 되었다. 나는 산타크루즈의 교실에서 강의하고 있었고 학생들이 모여들었다. 대학원 시절 페미니즘 이론을 창안했던 시절에 대한 대화를 시작했다. 그리고 루스(Ruth)와 나의 갈등과 결심에 대해서 이야기했다. 그가 많은 여성 비판적 사상가들처럼 젊은 나이에 죽었다는 것에 대해 슬퍼할 때, 폭풍 같은 눈물을 흘렸다. 우리와 대학원을 함께 다녔던 베티나 앱테커(Bettina Aptheker)도 청중 사이에 앉아 눈물을 흘리고 있었다. 학생들 역시 눈에 눈물이 가득 찼다.

전혀 계획되지 않았던 격정적 순간이 학생들에게 감동적 교훈을 주었다. 그들은 존경과 애정에 뿌리를 둔 긍정적 유대감이 많은 경쟁과 갈등으로 시작된 관계에서 나타날 수 있다는 것을 알게 되었다. 강의가 시작되기 전, 학생들은 “적절하게” 행동하고, 방해하지 말고, 목소리를 높이지 않아야 한다는 지도서를 받는다. 그것은 교실에서 “모든 위험한 감정을 억압”하라는 선언문처럼 읽혔다. 나는 학생들에게 대학원 시절 내가 그러한 규칙을 준수했다면 우수한 페미니즘 이론의 토대를 제공한 비판적 토론을 하지 못했을 것이라고 말했다.

캐서린 로드(Catherine Lord) 교수는 유방암 투병에 대해 쓴 그의 회고록 『그의 꾸밈없는 여름(The Summer of Her Baldness)』에서 다음과 같은 질문을 던졌다. “왜 학생들 앞에서 눈물을 흘리는 것이 불안할까. 왜 교실에서 눈물을 흘리는가. 우리는 모두 알고 있다. 벽돌을 담은 박격포보다는 어리석음이나 증오 혹은 무식함이 훨씬 더 위험하지 않은가?” 교실에서 흐느끼고, 울고, 울부짖는 모든 감정적 격렬함을 표현하는 것에 대해 우려한다. 왜냐하면 마음이 항상 몸과 정신을 지배해야 한다는 가정의 위계질서를 뒤집어엎기 때문이다. 우리는 언어와 말의 경계를 넘어서 공통의 이해를 공유하는 곳에서 배우도록 요청받고 우리의 감각, 감정 상태로부터 배우라고 요구받는다. 그리고 앎의 감정적 방법을 찾으라고 한다. 만약 우리가 눈물을 허락한다면 억눌려 왔던 지식의 반란이 일어날 것이다.

토니 모리슨(1931-)의 흑인 정체성을 담은 문학세계

미국 문학계에서 아프리카계 미국 여성 작가들의 글쓰기는 20세기 후반에 들어 그 존재와 가치를 인정받게 되었다.

현대 흑인 작가들에게 있어서 글쓰기, 특히 소설은 불평등, 인종차별주의, 사회부정 등을 드러내기 위한 중요한 수단이 되어왔다. 흑인 남성들보다 더 목소리를 억압당한 채 자신의 존재를 올바로 알릴 수 없었던 흑인 여성들에게 소설쓰기는 자신들의 생존전략이자 지배세력에 대한 가장 강력한 저항수단이 되고 있다. 이들에게 글쓰기는 노예제도 이후 정형화된 흑인 여성상을 해체하려 할 때, 즉 외부로부터 그들에게 인위적으로 부과된 정체성을 분석하며 변화를 시도하려 할 때 매우 중요한 행위가 되었다. 현대 흑인 여성 작가들은 글쓰기를 통해 더 이상 소외되지 않고 자신들의 목소리로 스스로를 재현하여 주변부에서 중심부로 이동하고 있다.

모리슨은 미국 사회에서 억압받고 소외되어 온 흑인들의 과거를 인종차별과 성차별의 관점에서 탁월하게 형상화함으로써 뛰어난 문학적 성과를 거두었다. 그의 소설은 대부분 미국 사회에서 흔히 부정적으로 인식되어 온 행위가 흑인 사회에서는 긍정적인 것임을 보여준다. 그리고 소설의 기본 테마는 흑인 여성 정체성의 지속적인 추구이다. 모리슨은 노벨상 수상 연설에서 독선적이지 않은 다양한 시각, 다양한 언어, 그리고 다양한 서술의 중요성을 강조했다. 그가 단일한 시각을 경계하는 것은 서구 중심 이론이나 전통에 대한 우려에서 비롯한다. 서구 이론은 지금까지 그들의 담론적 특권을 강화하기 위해 비서구의 텍스트들을 도외시했다. 그 결과 이분법적 구도 속에서 "타자"를 침묵시키고 주변화하는 반면, 서구 담론을 중심화하려는 특권을 보여 왔다. 그러나 오늘날 이 주변화된 "타자"는 인종과 성, 계급 등 여러 요소와 결합하여 서구 담론을 위협하고 있다.

모리슨은 흑인의 역사, 신화와 전설, 구술적 전통 등을 구체적으로 묘사하고 있으며, 흑인의 특수한 문제를 그들만의 문제로 국한하지 않고 인류 전체의 문제로 제시하기에 이른다. 그는 자신의 거의 모든 작품에서 흑인들의 체험, 구체적으로는 노예제도와 이것이 흑인 모두에게 또는 각 개인에게 미친 물리적이고 심리적인 영향을 여러 각도에서 다루고 있다. 모리슨은 이러한 과정을 담고 있는 자신의 작품이 피부 빛깔로 분류되는 것을 거부했다. 그는 인종을 포함해 그 어떠한 것의 범주화에도 저항하고, 창작의 편협함과 경직성에서 벗어나려고 노력한다. 스웨덴 한림원이 그에게 노벨 문학상을 주었던 이유 또한 "모리슨의 작품세계가 흑인의 특수한 경험을 통해 인간의 보편성을 획득했기 때문"이라고 밝히고 있듯이, 결국 그는 흑인의 개별적인 문제를 다루면서도 그것을 인간의 보편적인 문제와 연결하는 데 성공하고 있다.

[자료출처]

김미아(2006), 인종과 성의 한계를 넘어선 토니 모리슨의 글쓰기, 현대영어영문학 50(2), 31-46쪽.

가르치기 ⑮

갈등

나는 페미니즘 수업을 들으면서 처음으로 안전한 수업에 대해 논의를 해 보았다. 이 논의에서는 학생들이 갈등을 일으키거나 감정이 상하지 않는 방법으로 함께 대화하는 방법을 배우는 것을 주로 다룬다. 이 토론에는 수업에서 갈등이 일어나면, 교사가 이러한 상황에 대처할 수 없을 것이며, 이로 인해 발생한 부정적 에너지 때문에 학생들이 교수와 수업을 싫어하게 될 것이라는 교수들이 두려움이 반영되었다. 그래서 나는 이런 토론이 항상 짜증스러웠다. 그들은 좋은 평가를 받기 위해 학생들의 기분을 맞춰야 했다. 아이러니하게도, 이런 교실에서 이제까지 우리가 젠더의 본질이라고 믿었던 많은 부분에 대해 의문을 제기하게 되었다. 18년 혹은 그 이상의 시간 동안 우리 삶에서 당연하게 받아들였던 신념체계는 논쟁거리가 되고 있었다. 그러나 우리는 이러한 논쟁과 도전을 평온한 환경에서 진행해야 한다고 들어왔다. 우리는 침착해야 하고 누구도 문제를 일으키지 않아야 한다는 것이다.

중요한 점은 교실의 다양성이 더 커짐에 따라 학계가 안전의 문제에 더 큰 관심을 가지게 되었다는 것이다. 이전까지 백인들이 대다수를 차지했던 학교와 교실에 흑인 학생과 유색인 학생들이 늘어나는 경우 관심은 더욱 증가한다. 잠재적 긴장 상황은 단지 인종적 차이로 인해서 발생하는 것은 아니었다. 대학에 입학한 초기의 유색인 학생들 다수가 가난했고 노동자 계급 출신이었기에, 인종 차이보다 훨씬 큰 계급 격차는 학생들의 사이를 멀어지게 했을 것이다. 다양한 인종과 계급이 존재하는 교실에서 학생들은 그들과 다른 낯선 경험과 관점을 만나게 되었다. 초기에 일부 교실에서 학생들은 반 친구들을 불쾌하게 하거나 소외시킬지도 모른다는 두려움으로 인해 의견을 말하는 데 두려움을 가지고는 했다. 반면 어떤 교실에서는 학생들이 서로 지나치게 대결하고 싸움을 걸기도 했었다.

교실에서 발언하는 사람 사이에 서로의 관점이 첨예하게 다르다는 것을 알았을 때 의사소통은 중단된다는 것을 재차 목격했다. 뿐만 아니라 차이를 넘어 대화에 참여하려는 시도가 분노와 슬픔과 같은 강렬한 감정을 일으킨다는 것을 발견했을 때도 의사소통은 중단됐다. 학생들과 교사들에게는 눈물을 보이거나 슬퍼하는 일을 다루는 것이 은밀하고 노골적인 분노의 감정을 불러일으키는 의견 차이를 다루는 문제보다는 더 쉬웠다. 그러나 모두가 안전하다고 느끼는 비전투적 분위기를 만들기 위해 압력을 행사하는 것은, 토론을 잠재우고 변증법적 의사소통의 가능성을 철저히 상쇄하는 작용을 한다.

종래의 성차별적 사고에 대응하는 생각의 방법을 알고 싶어 하지 않는 학생들이 있다. 이들은 반체제 사상가이자 호전적인 페미니스트인 나에게 끊임없이 도전하고 있다. 이 학생들은 갈등을 일으켜서 교실에서 학습을 파괴하고 학습공동체의 형성을 방해하려고 한다. 이런 부정적 대립의 상황은 내가 교실에서 안전의 문제에 대해 다시 생각할 수 있는 계기를 준다. 모두가 동의할 때, 모두가 동등한 발언 시간을 가질 때 우리가 안전하다는 일반적 가정에 집중하기보다는 우리가 위기 상황에 어떻게 대처할지 아는 것을 안전이라고 생각해야 한다.

그래야 의견이 일치하지 않는 갈등 상황에서도 우리는 안전할 수 있을 것이다.

교수법 워크숍에서 이 개념에 대해 교수들에게 설명할 때, 나는 우리가 사랑의 관계를 어떻게 생각하는지에 대한 비유로 이야기를 시작한다. 우리가 어떤 성적 취향이나 성적 관행을 가지고 있든지 간에, 친밀한 관계를 맺고 있는 파트너와 항상 사이가 좋을 수 있다고 생각하지는 않는다. 실제로, 우리 대부분은 "허니문" 기간이 끝나면 차이가 드러나고 다툼이 생길 것으로 생각한다. 그런데도 우리는 분명 이러한 순간에도 우리가 "안전"할 것을 알고 있다. 비록 목소리가 높아지고 감정 표현이 격렬해지더라도, 어떠한 모욕도 당하지 않을 것이고 안전할 것이다. 오히려 연결하고 소통하려는 의지가 우세할 것이다. 물론 우리 대부분은 교실에서보다는 개인적인 관계에 있어서 서로를 신뢰하려는 의지가 크다.

그러나, 교실에 신뢰가 구축되어야 개방적인 변증법적 의사소통과 긍정적 반대(positive dissent)가 가능하다. 새 학기가 시작될 때 학생들에게 신뢰의 중요성과 신뢰를 책임과 연결하는 방법에 관해 설명하는 것은 도움이 된다. 믿는다는 것은 자기 자신과 다른 사람을 돌볼 수 있는 능력에 대한 자신감을 가지고 서로의 잘 삶(well-being)을 염두에 두는 것을 의미한다. 기꺼이 신뢰하려면 우리가 무엇을 말하는지와 어떻게 말하는지에 대해 신중하게 생각해야 한다. 우리의 말이 동료들에게 미치는 영향 역시 고려해야 한다. 진정으로 언론의 자유를 지지하는 사람은 검열을 지지하지 않는다. 그러므로 교사와 학생으로서 우리의 발언이 언어적으로 남용될 수 있고, 지배를 영속시키고 증오심을 키울 수 있다는 것을 의식하는 것이 중요하다.

이 사실을 의식한다면 언론의 자유와 반대할 권리가 핵심적 민주주의 가치인 사회에서 교육받을 수 있었던 시민적 특권에 깊이 감사할 것이다. 나는 반대할 권리를 행사하고 비판적 대화에 참여하는 데 두려움을 갖는 학생들에게 꾸준한 관심을 두고 지켜보고 있다. 학생들은 다른 학생들이 교실 안팎에서 그들을 어떻게 생각할지에 대해 신경을 쓰기 때문에, 그들이 가진 특권 행사를 박탈당할 때 더욱 낙담하는 것 같았다. 때때로 학생들은 배우는 것보다 또래들과 잘 지내고 싶어 한다. 이러한 태도로 인해 자유의 실천으로 민주적 교육은 하찮게 여겨지거나 약화된다. 나는 이 세계에는 자유롭게 말했다는 이유로 수감되거나 목숨을 잃을까 두려워해야 하는 곳이 있다는 것을 학생들에게 상기시켜 주고 싶다. 다행스럽게도 대부분의 교수와 학생들은 비판적 의사소통에 참여했다고 해서 생명의 위협을 당하는 심각한 상황에 처해지지는 않는다. 그렇기 때문에 안전에 대한 잘못된 개념이 교실 공동체 창조를 방해하지 못하도록 하는 것이 가장 중요하다. 교실 공동체에서 학생들은 건설적 대화에 참여하는 방법을 배울 수 있으며, 극심한 의견 불일치를 보이는 토론에 참여할 수도 있다. 안타깝게도 종종 "안전한" 교실을 원하는 건 학생이 아닌 교수들이다. 학생에게 의미 있는 비판적 대화에 참여하도록 가르치는 것보다 교실이 매끄럽고 조화로운 분위기를 갖도록 하는 것이 더 쉽기 때문이다.

우리가 갈등, 생각, 의견 차이를 감당해야 하는 학습도 안전할 수 있다는 것을 학생들에게 가르쳐야 할 때, 학생들이 완전히 마음을 열 수 있게 된다. 우리는 다양한 교육 환경에서 배우는 것이 가능하다고 가르친다. 그리고 장기적으로는 반대 의견의 중요성과 비판적 대화의 소중함을 가르침으로써, 그들이 현실을 직면할 수 있도록 준비시킨다. 학생들은 교실이나 또 다른 환경에서 그들의 기분과 상관없이 학습해야 하는 상황에 직면할 것이다. 그들은 편안한 마음을 유지할 수도 있지만 그렇지 않을 수도 있으며, 기분이 좋거나 조화로운 분위기를 느낄 수도 있다. 진정한 안전은 위험한 상황일지라도 위협적이지는 않다는 것을 구분하는 데 있다. 그리고 이러한 상황이 교실에서 발생하더라도 안전하지 않을 때를 인식하고 그에 따라 어떻게 대응할지 알 수 있어야 한다. 우리는 매일 위험한 상황을 선택한다. 고속도로에서 차를 운전하는 것은 위험하다. 그러나 법을 준수하고 다른 운전자들과 협력한다면, 목적지에 안전하게 도착할 확률이 증가한다는 것을 우리 모두가 알고 있듯이 교실 상황도 마찬가지다.

가르치기 ⑯

페미니즘 혁명

대학 내 성차별적 사고와 성차별적 편견에 도전하는 페미니즘은 우리 국가가 이제껏 경험했던 비폭력적 문화 혁명에서 가장 놀라운 일로 꼽힐 수 있다. 현대 페미니즘 해방 운동 이전 학교 문화에서는 여성의 학습 능력이 남성보다 못하고 여성들이 앎의 방법에 기여하지 않았다는 성차별적 가정에 근거한 학습 개념이 지배하고 있었다. 이러한 생각은 초등교육과 대학 수준의 학교 문화에 영향을 미친다. 교육은 가부장적 정치 체제를 강화하기 위한 도구로 사용되었다. 그 결과, 옳지 않은 사고는 엄연한 사실로 가장되어 우리 학교 문화에 전파되었다. 성차별적 사고와 편견이 앎의 방법에 미친 영향은 왜곡을 만들어 냈고 잘못된 정보와 그릇된 가정에 힘을 실어주었다. 그로 인해 언제나 지식 습득의 근원이 되어야 하는 진실한 학습은 이루어지지 못했다. 가부장주의를 강화하는 방식으로 교육을 이용하여 특권층 유권자들의 관심에 봉사하는 것은 민주주의를 훼손시켰다.

여성에 대한 동등한 권리를 지지하는 현대적 운동이 형성되기 훨씬 전부터, 각각의 여성과 남성은 학교가 성차별적 방식으로 가르치는 내용과 방법에 대해 의문을 가지고 이의를 제기했다. 성차별적 경계선을 돌파한 여성 개개인들의 출현은 큰 움직임의 신호탄이었다.

앞서나가는 그들을 목격한 모든 남성과 여성은 그들 시대에 젠더 평등이 일어날 수 있다는 것을 배웠다. 그리고 이전까지 자연적이라고 여겨졌던 것들이 사실 사회적으로 구성되었다는 것을 알게 되었다. 학계에 종사하는 여성 개개인에게는 더욱 큰 사건이 되었다. 학계라는 독특한 환경에서 남성과 동등하게 일하는 여성 그리고 그들의 성공은 주목을 받았다. 결과적으로 그들의 존재는 도전적이었으며, 드물긴 했지만 성차별은 "자연적"인 것이라 여성이 남성보다 열등하다는 성차별적 전제를 변화시켰다.

대학 전면에 영향을 미친 가부장적 전제에 대한 현대 페미니스트 운동의 이의제기가 성공했을 때, 심오하면서도 피할 수 없는 혁명이 일어났다. 여성학 프로그램의 제도화는 학자들이 지식을 생성할 때 성차별적 편견을 조사할 수 있는 건전한 학문적 기반을 제공했고, 기존의 생각을 수정하는 기초를 제공했다. 페미니스트 운동은 너무나 많은 혹평을 받아 왔다. 그래서 페미니즘 사고와 실천이 학습을 재정의하는 데 이바지한 긍정적 측면이 가부장제를 옹호하는 사람들이 강조하는 부정적 설명으로 무색해지기도 한다.

실천적 차원에서 더 많은 여성이 학계에 종사하도록 직업 형평성에 대한 관심을 촉구하자 학교는 변화했다. 비록 학문적 위계 근저에 있는 전반적 가부장적 구조는 그대로 남아있지만, 학교에서 여학생과 여교사와 같은 여성의 운명을 좌우했던 성차별의 방법은 많이 변화했다. 성차별 반대론자들은 여성이든 남성이든지 간에 평등한 입장, 보상 그리고 대표성을 찾기 위해 노력했으며, 교실에서의 기대 역시 근본적으로 변화시켰다. 가부장적 지식 결합과 지배 종식을 위한 학교에서의 투쟁은 학생들이 자유의 실천으로서 교육하려는 교수들의 수업을 선택할 수 있도록 하는 데 목적을 두고 있다. 성차별적 사고는 더 이상 교수들의 이러한 노력을 좌절시키지 못한다.

중요한 것은 가부장적 사고와 가치에 충성하던 사람들이 그들의 커리큘럼과 가르치는 스타일을 건설적으로 변화시키고 있다는(상대적이긴 하지만) 점에서 고등교육에서 페미니스트적 사고의 놀라운 영향력이 분명하게 드러나고 있다는 것이다. 우리 사회가 여성의 동등한 권리 요구에 응답하자, 대다수의 국가 기관은 젠더 정의를 공정하게 유지하려는 시도로 응답했다. 고등교육기관은 성차별적 편견을 배우지 않고 이전의 그릇된 정보를 개정하려는 강력한 의지를 보여주었다. 실제로 교육 내 혁명은 가부장제에 전면적으로 저항한 페미니즘과 결합한 성차별에 대한 광범위한 비판으로 인해 만들어졌다. 이러한 움직임은 사회적 상호 작용, 직업 평등, 언어 사용, 교육과정 자료 전반을 포함하고 있었고, 현재 상황에 커다란 위협이 되었다. 페미니즘이 학교에 준 긍정적 영향에 반대하는 조직적인 반여성주의 반발(backlash)이 발생했다. 보수 평론가들은 페미니즘이 백인 남성을 파괴하고 있다고 그릇된 주장을 하면서 페미니스트 교수들을 공격했다(분명하게 말해서, 우리나라의 어떤 고등교육기관도 백인 남성들이 담당하는 교수과정을 중지시키지 않았다). 그들은 페미니즘이 정치적 올바름(political correctness)[1]이라는 명목으로 폭정을 하고 있다고 주장했다. 극단적인 경우, 학교에서 여성에 대한 폭력 사건이 증가했다. 이런 일은 교실 안팎에서 성차별주의에 도전하는 페미니즘이 교육 내 전반적 변화를 만들어 낼

---

1) 성차별이나 인종차별적 언어 사용과 활동에 저항해 이를 바로 잡으려는 운동을 말한다. 미국 중산층의 언어 사용에 주목해 차별이나 편견에 바탕을 둔 언어적 표현이나 '마이너리티'에게 불쾌감을 주는 표현을 시정하려는 PC 운동은 1980년대 미국 각지의 대학을 중심으로 전개되어 성차별적, 인종차별적 표현을 시정하는 데 큰 성과를 거두었다. 대표적 PC 표현법을 소개하자면 흑인(balck)을 아프리카계 미국인(African−American), 창녀(prostitute)를 섹스 대리인(sexual surrogate), 스튜어디스(stewardess)를 비행 승무원(flight attendant), 가난한(poor)을 경제적으로 결핍한(economically deficient) 등이 있다. (출처: 송정신, Politically Correct 운동에 대해; 강준만 외, 미디어와 쾌락, 인물과사상사, 2003, 191−196쪽)

수록 더 많아졌다.

분명히 페미니즘에 대한 강력한 반발은 고등교육에서 페미니즘적 사고와 실천을 위한 힘을 분산시키기 위해 계산된 대응이었다. 학계 대부분을 차지한 백인 남성 학자 중 누군가가 가부장주의에 대한 비판을 받아들여 그들의 생각과 가르침의 방법을 변화시킬 때 반발은 위협적으로 거세졌다. 교실에서의 페미니즘적 사고는 고등교육의 중심에 반대하고 변증법적 의사소통을 가능하게 하는 힘을 가져다주었다. "페미니즘적 교실"은 모두가 페미니즘적 사고에 참여하고 헌신할 때 가능하기에, 그 수가 그리 많지 않다. 그러나 의심할 여지 없이 페미니즘 이론과 실천은 약속과 가능성의 교육학으로서, 교실에 새로움과 가능성의 에너지를 가져다주었다. 교실에서 페미니즘적 관점은 비판적 사고의 중요성을 입증하고, 교육과 사회적 정의를 연관성을 증명했다.

페미니즘에 대한 반발과 페미니즘 운동 전반에 대한 대중적 열정이 하락함에 따라, 페미니즘적 관점은 대부분의 고등교육기관에서 단지 앎의 방법 정도로 받아들여지고 있다. 최근 가부장적 규율과 학계의 제국주의－백인 지상주의－자본주의－가부장 지배적 사고에 대한 비판이 운동력을 잃고 있다. 그러는 동안 노골적인 반페미니스트적 사고와 가부장적 관점의 활동이 나타났다. 앎의 방법을 왜곡시키는 성차별적 편견을 종식시키는 것의 중요성을 인식한 교육자들은 페미니즘적 관점을 유지하는 것이 중요하다는 것을 인식하고 있다. 여학생의 입학을 허락하지 않으려 했던 고등교육기관에 이제 엄청나게 많은 여학생이 등록하고 있다. 한때 여성의 존재를 인정하지 않았던 아이비리그 학교에는 이제 페미니즘적 사고를 적극 지지하는 여성 리더들이 있다.

누구도 고등교육에서 성차별이 근절되었다고 하지 않을 것이다.

그러나 교육에서 페미니즘적 관점과 반 성차별적 활동이 만든 놀라운 변화를 부정할 수는 없을 것이다. 교육자들은 성차별적 편견이 다시 규범이 되지 않도록 비판적으로 경계해야 한다. 페미니즘적 사고는 고등교육에서 진실함을 회복시키고, 성차별적 편견이 지식과 학습 과정을 더 이상 손상시키지 않게 한다.

정치적 올바름(Political Correctness)

'정치적 올바름'은 사회적 약자와 소수자에 대한 차별적 언어 사용이나 활동에 저항해 그걸 바로 잡으려는 운동의 철학을 가리키는 용어다. 이 운동은 1980년대부터 미국 정치의 한복판에 들어와서 격렬한 논쟁의 대상이 되었다. 당시 공화당은 대체로 반대, 민주당은 찬성의 입장에 있었고, '문화전쟁(Cultural War)'이라는 말을 탄생시킨 주요 이유가 되었다.

PC(Political Correctness)라는 용어의 기원에 대해서는 여러 설이 있으나, 현재 미국에서 사용되고 있는 용어의 기원은 1960년대 미국 신좌파의 애독서였던 마오쩌뚱의 『작은 빨간 책(Little Red Book)』에 나오는 '올바른 생각(correct thinking)'이라는 개념에서 비롯된 것이라는 설이 유력하다. 당시 신좌파들은 PC를 교조주의를 경계하기 위해 독선적인 동료의 과격함을 지적하는 일종의 농담으로 사용했다. 그러나 우파는 좌파를 비난하기 위한 목적으로 PC를 '좌파의 대학·문화계 장악 프로그램'으로 재정의해 사용했다.

후에 진보좌파도 PC라는 용어를 쓰게 되었지만, 그들에게 PC는 '대학·문화계 장악 프로그램'이 아니라 '소수자의 인권 보호 프로그램' 차원의 것이다. 진보좌파가 추진한 PC 운동은 1980년대에 미국 내 대학을 중심으로 전개되어 성차별적, 인종차별적 표현을 바로 잡는 데에 큰 성과를 거두었다. 또한 PC 운동은 그간 대학에서 가르쳐 온 '위대한 책들'이니 '걸작'이니 하는 것들이 모두 서구 백인들의 문화유산이었음을 지적하면서 소수 인종 문학 텍스트도 가르치고 배워야 한다고 주장했다. 그 연장선상에서 소수 인종 교수 채용과 학생 모집, 그리고 교과 과정 개편을 위해 노력했다. 그리고 PC 운동은 나이, 동성연애, 외모, 신체의 능력 등 모든 종류의 차별에 반대했다.

그러나 1980년대 후반 보수파의 반격이 시작되었다. 보수 지식인들은 출판 활동 등을 통해 PC 운동이 표현의 자유를 억압한다는 점을 중심으로 공격했으며, 이러한 반격의 연장선에서 공화당 소속 대통령까지 나섰다. 1991년 5월 조지 부시는 미시간 대학의 졸업식 연설에서 PC 운동을 비난함으로써 'PC 운동'을 둘러싼 논란을 격화시켰다. 그의 연설 직후 텔레비전 방송은 각종 PC 특집방송을 내보내기 시작했다. PC에 관한 논쟁 붐이 일어난 것이다. 그 결과 1991년 이전 미국 언론에서 PC라는 표현을 거의 찾아볼 수 없었으나 90년대 중반에 이르러 매년 5천 번 이상 미국의 주요 일간지와 잡지에 등장했으며, 97년 한 해에만 7천 2백 번이나 사용되었다.

이 시기에 이루어진 PC 비난은 주로 표현의 자유에 관한 것이었다. PC 반대자들은 PC 운동가들이 자신들의 운동에 반대하거나 공감하지 않는 사람들에 대해 '인종차별주의자'나 '성차별주의자'라고 비난을 남용하는 경향이 있다며 그런 행태가 죄 없는 사람을 공산주의자라고 부르는 것과 무엇이 다르냐며 '새로운 매카시즘'이라고 비난했다. 또 '미국의 역사상 표현의 자유를 보장하는 헌법 수정 제1조에 대한 가장 큰 위협', '나치돌격대의 사상통제운동', 'AIDS만큼 치명적인 이데올로기 바이러스' 등과 같은 비난과 더불어, PC 운동가들을 '언어경찰', '사상경찰'로 비난했다.

PC 논쟁은 표현의 자유를 중심으로 전개되었지만, 이념적 차이를 기반으로 한 문화전쟁의 양상을 띠었기 때문에 그 어떤 해결이나 타협의 지점을 찾기는 어려운 일이었다. 그래서 PC 연구도 동어반복의 한계를 넘어서긴 어려웠지만, PC가 미국을 넘어서 전 세계적으로 확산되면서 연구는 계속 활발하게 이루어지고 있다.

[자료출처]

강준만(2018), '정치적 올바름'의 소통을 위하여: 자유·위선·계급의 3대 쟁점을 중심으로, 사회과학연구 57(2), 227-257쪽.

가르치기 ⑰

흑인, 여성 그리고 학교

미국은 시민권 영역에서 상당한 진전을 이루었지만, 여전히 인종차별이 만연한 사회다. 학교의 인종차별폐지는 인종적 정의를 위한 운동에서 획기적 사건이었다. 그리고 브라운 대 교육위원회(Brown vs. Board of Education) 판결[1] 이후 50년 이상이 지난 지금, 우리나라의 공립학교는 인종과 계층별로 점점 분리되어 가고 있다. 조사에 따르면 많은 수의 백인들은 흑인이 학문적으로나 지적으로 열등하다는 인종주의적 가정을 여전히 믿고 있다고 한다. 인종차별적 사고와 행동을 고집하는 것은 모든 계층의 교육에서 차별을 끝내려는 노력을 약화시키려는 사회적 환경과 관련이 있다. 시민권 운동을 통한 각성으로 인해 다양한 계층 배경을 가진 많은 흑인 학생들이 백인 위주의 대학에 다녔지만, 더 이상 그렇지 않다. 공립학교 시스템은 가난하고 노동자 계층 출신인 대다수의 흑인 학생들을 교육하는 데 실패했기 때문에, 이들은 고등학교를 마칠 수 없었고 다음 단계의 교육으로 진급하려 하지 않았을 것이다.

---

1) 1954년 연방 대법원은 흑인과 백인 학교를 따로 설립하는 것이 위헌이라고 결정내렸다. 이 사건 이전에는 "분리하되 평등하면 된다"는 판결에 따라 인종 분리를 허용했었다. (역자 주)

흑인 교사와 교수의 운명은 흑인 학생들의 운명과는 다르다. 우리들 중 대부분은 주로 백인 위주의 환경에서 가르친다. 우리 교실은 대부분 백인 학생들로 구성되어 있다. 겉으로 보기에 흑인 교수들은 인종에 상관없이 어떤 교사에게라도 부여되는 존경과 존중을 받을 것으로 보인다. 그러나 자세히 들여다보면 백인 동료들과는 아주 다르게 흑인 교수들 그리고 다른 비-백인(non-white) 교수들이 직면하는 긴장과 갈등이 존재한다. 심지어 흑인 교수들은 우리의 젠더에 따라 각기 다른 문제에 직면하고 있다. 과거 노예제도 때부터 지금까지 백인의 인종차별적인 고정관념은 흑인 남성을 야만적이고 열등하다고 묘사하고 있다. 그러나 우리나라 역사상 흑인 남성이 학문에 탁월한 성과를 보임에도 불구하고 백인들로부터 인정받지 못했던 적은 없었다. 그러나 가부장적 제도로 인해 뛰어난 흑인 여성들은 남성들이 받는 존경과 관심을 받지 못했다.

대부분의 사람은 아마도 흑인 여성 교수들의 근무 조건이 흑인 남성들의 근무 조건과 그렇게 다르지 않을 것이라고 생각할 것이다. 우리는 인종차별의 현실을 완전히 인정하지 않으면서 동시에 만연한 성차별을 부인하는 사회에 살고 있다. 그래서 인종차별화된 성차별이 흑인 여성들의 일상생활에 심각한 영향을 미친다는 사실을 간과하는 경향이 있다. 역사적으로 흑인 여성에 대한 가장 일반적인 인종차별적 고정관념은 그들을 모든 사람을 위해 봉사하고 돌봄을 도맡는 무식한 데다 체중이 많이 나가는 쾌활한 엄마로 그려낸다는 것이다. 그들은 미신을 믿고, 신변잡기로 가득 찬 수다를 떨고, 직관적으로 판단하고 자기반성을 하지 않으면서 똑똑한 척하는 엄마의 모습으로 묘사된다. 그리고 영리하지도 않고 공부할 머리도 없는 것처럼 보인다. 노예제도가 폐지된 이후에도 흑인 여성을 대표하는 고정관념은 인종차별적이고 성차별적인 사고방식으로 굳어졌다. 다양한 계층의 많은 백인 여성들이 흑인 가사도우미를 채용하면서 이러한 편견은 더욱 확대되었다.

인종차별과 성차별의 렌즈는 흑인 여성을 엄마의 모습이거나 그 모습이 그려지지 않을 때는 성적으로 문란한 여성으로 본다. 외설적 백인 남성 포식자의 욕망은 연약한 흑인 여성에 대한 이러한 시선이 사회적 맥락 속에서 신빙성을 얻게 되는 통로였다. 백인 남성이 흑인 여성에게 가하는 약탈적 성적 학대에 관한 관심을 돌리기 위해, 그들은 흑인 여성을 흥분해서 눈에 띄는 어떤 남성이라도 덮치려고 벼르고 있는 동물이라고 주장했다. 노예제도 시절부터 오늘날까지 계속되고 있는 흑인 여성에 대한 성적 평가절하는 흑인 여성들이 이성적인 생각을 할 수 없다는 인종차별적·성차별 사고에 기름을 부었다. 18세기와 19세기 학계에 두각을 나타낸 시인 필리스 휘틀리(Phyllis Wheatley)와 같은 흑인 여성들은 예외적 사례라고 판단했다. 이러한 역사적 배경 아래에서 흑인 여성들은 우리가 가진 지성의 힘을 인정받기 위해 계속해서 고정관념과 싸워야 했다.

흑인 분리 지역 사회에서 흑인 여성들은 뛰어난 학업 성취 능력을 증명할 필요가 없었다. 그곳에서는 운이 좋아 충분히 교육을 받을 수 있었든지 아니든지 간에 흑인 여성들의 학습 능력이 흑인 남성과 같다고 생각되었다. 흑백분리 학교가 생겨나자, 흑인 여성들은 교사가 될 수 있다는 꿈을 꾸었다. 가르치는 일에 주로 여성이 종사하게 되자, 더 많은 흑인 여성들이 학업으로 진로를 선택하게 되었다. 나는 인종차별이 있었던 시대에 학교에 다녔다. 그러나 내가 다닌 학교의 흑인 여성 교사들은 그들 자신과 그들의 학생들에 대해 훌륭한 기준을 세우고 있었다. 남자든 여자든 학문적 탁월함을 보이는 학생들은 발전하라고 격려를 받았다. 공부하고 학습하는 것은 어떤 방식으로든 흑인의 정체성을 위협하지 않는다. 실제로 인종 문제를 해결하고자 하는 헌신은 학구적 노력으로 드러났다. 이러한 노력이 오늘을 바꾸었다. 인종차별이 내면화된 흑인 학생들은 모든 교사를, 특히 흑인 여교사를 무시하고는 한다.

인종 분리가 종식되자, 백인이 대부분이었던 환경에서 일했던 흑인 교사들과 교수들은 우리 자신이 학대의 대상이었다는 것을 알게 되었으며, 때로는 학생과 동료 모두가 그들을 학대했다는 사실을 알게 되었다. 우리는 종종 "백인"이라는 사실로 인해 자신이 교수보다 더 많이 알고 있는 것처럼 행동하는 자격을 부여받았고, 그래서 무례하고 어깃장을 놓는 태도로 질문하고 도전할 권리를 갖고 있다고 생각하는 학생들을 마주하고는 했다. 인종차별화된 성차별은 대부분의 백인이 흑인 여성을 그들에게 종속된 돌보미 그리고 상징적 엄마로 여기도록 사회화시켰다. 그래서 의식적으로든 무의식적으로든 그들이 부여받은 백인 특권을 교실에서 주장하는 것은 백인 우월주의를 더 강하게 하는 통로가 되었다.

이러한 역동성을 완전히 이해하기 위해서는 백인 우월주의와 인종주의의 차이를 인식하는 것이 도움이 된다. 백인 우월주의는 흑인이 열등한 지능을 가지고 있거나 백인과 동등하지 않다는 가정을 바탕에 둔다. 그러나 이런 식으로 생각하는 백인들이 반드시 인종차별적 입장에서 흑인 교사들을 지배하려고 한다는 것을 의미하는 것은 아니다. 내 주변의 많은 백인 학자 동료들은 흑인들을 동료로 두고 다양성이 있는 환경에서 살고 또 일하고 싶다고 말한다. 그러나 이러한 그들의 태도가 그들이 백인 지상주의 사고를 배우지 않았다는 것을 의미하지 않는다. 내가 30년 넘게 가르치는 동안 만난 대부분의 백인 학생들은 확실한 편견적 성향이나 인종 증오 그리고 그들과 다른 사람들을 해치고자 하는 욕망을 보여주지 않았다. 무의식으로 백인 우월주의에 뿌리를 둔 믿음과 가정(흑인은 학문적으로 열등하다든지 혹은 흑인이 백인과 백인 특권을 비판하면 인종차별주의자라는 관념)은 확인하기 어렵다. 많은 백인 학생들은 흑인 선생님의 권위를 끊임없이 의심하거나 약화시키려고 했다. 공립학교에서 가르치는 나의 자매는 어느 날 흑인 여성 교사가 잘못된 행동을 하는 두 명의 백인 남학생을 향해 걸어가고 있는 것을 보았다. 그때 한 남학생은 "선생님이 오니까, 그만하자"라고 소리쳤고, 다른 한 명은 "야, 흑인 여자한테 뭘 그러냐"라고 했다고 한다. 초등학교 학생인 백인 소년은 이미 흑인 여성의 가치를 낮추는 법을 배웠다. 그가 대학에 들어가게 되면 갑작스럽게 흑인 여성 교사들에 대한 존경을 배울 수 있을까?

처음 가르치기 시작했을 때, 나는 학생들로부터 인종차별주의자라는 평가를 받았다. 내가 종종 인종 정체성에 대해 강조했기 때문이다. 교실에서 백인의 정체성과 백인우월주의 시스템을 연계시킨 발언이 학생들을 불편하게 만들었다. 내가 지배체제에 대해 비판한 것은 개인적 화풀이를 하는 것으로 비칠 위험이 있었다. 흑인 여교수들은 지속적으로 모여 학생들을 어떻게 대해야 할지 토론한다. 우리가 화가 났다거나 비열하다고 생각하는 백인 학생들에 관한 이야기가 주를 이룬다. 흑인 여교수들은 학생들이 그들을 "나쁜 계집"으로 본다고 불평했다. 사실 이 장에 대한 아이디어는 젊은 동료가 나에게 그가 무례한 태도로 마음을 닫게 하는 인종적 고정관념에 희생양이 되지 않으면서, 백인 학생들을 어떻게 가르칠 수 있을지 물었을 때 시작되었다. 그녀는 말했다. "나는 화나고 무례한 나쁜 흑인으로 보이는 것이 지긋지긋해요"

흑인 여성 교수들은 학생들이 어떤 인종이든지 간에 학생들 대부분은 제국주의적-자본주의- 백인 우월주의-가부장적 문화에 사회화되었다는 것을 이해했다. 그것은 필요한 경우 그들이 부정적 고정관념에 도전하는 교실로 들어가야 한다는 사고방식을 내면화했다. 교사 초기 시절, 흑인 여성 작가에 대한 수업에서 나는 토니 모리슨의 『가장 푸른 눈』에 대해 강의하고 있었고, 백인 가정에서 가축처럼 일하는 흑인 여성의 역사에 대해 언급했다. 흑인 하녀들은 누가 봐도 의심할 여지 없이 즐거운 모습으로 백인 가족에게 봉사하고는 흑인 분리 지역 사회로 돌아가 그들이 착취당하는 방식에 분노하고 화를 분출한다고 했다. 그때 백인 여학생 한 명이 손을 들어 반대했다. 그 학생은 가족의 하녀가 사랑받는 가족의 일원이라고 계속해서 주장했다. 그는 그들을 가족처럼 사랑한다고 했다. 나는 학생에게 그의 감정, 인종, 사랑에 관해 이야기를 나눠본 적이 있냐고 물었다. 그는 아니라고 했다. 그리고서 그 하녀가 진심으로 무엇을 느끼고 있는지, 그 학생은 모를 것이라고 했다. 그 학생은 울었다. 그는 내가 인종차별주의자이며 모든 곳에 인종차별이 있을 것으로 본다고 비난했다. 나의 뜻을 분명히 밝히는 데는 많은 시간이 필요했기 때문에 다시 수업을 시작했다. 그리고 이 경험을 통해 학생들이 이전에는 들어보지 못했던 관점을 접할 수 있게 하려면, 편견과 편견 없는 사고 그리고 관점의 문제에 관해 이야기하는 것이 중요하다는 것을 알게 되었다.

인종, 젠더 그리고 계급에 근거한 사고의 사각지대가 사회화된 정도에 따라 관점의 차이가 있다는 것을 학생들에게 가르쳐야 한다. 흑인 여성 교수들은 인종차별적 성차별주의 고정관념의 렌즈를 통해 그들과 그들의 일을 바라볼 때 겪는 어려움에 관해 이야기했었다. 그들처럼 나는 흑인 여성들에게 투영된 부정적 고정관념이 종종 방해물이 된다는 사실을 발견했다. 편견에 사로잡힌 학생들은 종종 흑인 여성 교수들에게 그들이 가진 생각에 따라 흑인 여성 교수가 누구이며 정체성이 무엇인지에 대해 생각하도록 강요하는 행동을 한다. 예를 들어, 어떤 여성 교수는 한 명은 "나쁜 흑인계집"으로 보이지 않으면서, 학생들의 생각에 도전하는 데 어려움을 겪었다고 했다. 대중 매체에서 흑인 여성들은 반복적으로 화를 잘 내고, 공격적이며, 비열한 사람으로 비친다. 이러한 모든 특징은 보통 “나쁜 계집”의 증거가 된다. 권위를 가진 위치에 있는 흑인 여성들이 그들의 힘을 행사할 때, 그들의 권위 있는 행동이 부정적으로 보이지 않으려고 지속해서 애를 쓴다.

인종차별과 성차별적 관계에 대해 집중하는 페미니즘 사고와 실천은 제국주의적－백인 우월주의－자본주의－가부장적 문화가 흑인 여성성을 평가절하하는 방식에 대한 인식을 깨우는 데 도움이 되었다. 그러나 각각의 흑인 여성들은 계속해서 우리의 존재와 행위에 대한 부정적 관점에 도전하고 변화시키기 위한 노력을 해야 한다. 우리는 교사지만 우리에게 엄마와 같은 돌보미 역할을 요구하는 학생들과 동료들에게 저항하기 위해 애쓴다. 왜냐하면, 그들은 무의식적으로 이것이 흑인 여성의 역할이라고 배웠기 때문이다. 인종차별과 성차별의 관계에 대해 글을 쓰고 가르치기 시작했을 때, 나는 매번 화를 내고 있다는 이야기를 들었다. 나는 예상된 정체성을 거부했다. 대신, 청중들에게 왜 우리가 가진 사고방식에 의문을 제기하는 인종, 젠더 그리고 계급 분석이 의식화가 아닌 분노에서 출발했다고 생각하는지 이유를 떠올려보라고 하고 싶다. 나에게 화가 났다고 비난하는 사람들은 종종 그들이 직면하고 도전받고 있는 것에 대한 자신의 분노를 감추고 있다. 오바마(Obama) 대통령 선거 기간 동안, 미셸 오바마(Michelle Obama)는 종종 “백인에 대한 분노로 가득 찼으며, 미국을 증오하고 심지어 테러에 동조하는 화난 흑인 여성”으로 묘사되었다. 이러한 주장을 입증할 만한 사실은 없기에, 문화적 자본을 가진 흑인 여성의 정체성에 대한 부정적 오역이라는 비판을 받았다. 최근 학계에서 정계로 진출한 콘돌리자 라이스(Condoleeza Rice)[2]는 너무 똑똑해서 대적

2) 미국의 국무장관을 지낸 정치인이다. 조지 부시 행정부 2기에 국무장관을 지냈

할 자가 없는 외계인 같이 "독특하고 특이한" 인물이라고 묘사된다.

시민권 노력과 결합한 페미니즘 운동은 흑인 여성들이 자아와 정체성을 형성할 수 있도록 부정적 고정관념에 대항하는 방식으로 인종과 성별에 대해 진지하게 생각해 봐야 한다고 주장했다. 그러나 이것은 흑인 여성 교수들이 가르치게 될 교실이 인종차별적이고 성차별적인 사고방식과 행동방식으로 우리를 보지 않는다는 것을 의미하지 않는다. 비록 우리나라의 역사 이래 높은 학위를 받고 교수로 진급하는 흑인 여성들이 더 많아졌지만, 여전히 학계에서는 우리를 침입자로 볼 가능성이 있다. 흑인 여성 교수들, 특히 반체제 인사들은 인종주의와 성차별적 편견이 더는 우리의 문화적 의식을 지배하지 않을 때가 되어야 마침내 완전한 학계의 일원이 될 수 있을 것이다. 이러한 변화가 일어나기 전까지 흑인 여성 교사와 교수 모두는 우리의 존재를 평가절하하려는 모든 시도에 개입할 수 있는 단호하고 건설적인 방법을 찾아 학생과 동료들에게 도전할 수 있어야 한다. 그리고 우리는 할 수 있다. 이는 가르치는 일로 가장 긍정적인 영향을 미치기를 바라는 흑인 여성 교수라면 교실 속에 학습공동체를 만들기 위해 다른 동료들보다 더 열심히 노력해야 한다는 것을 의미한다.

으며 아프리카계 미국인으로는 콜린 파월에 이어 2번째, 여성으로서는 매들린 올브라이트에 이어 2번째 국무장관이었다. 정계에 진출하기 전에는 스탠퍼드 대학교 정치학과 교수로 재직했다. (역자 주)

가르치기 ⑱

증오의 과거를 가르치기

어린 시절 나는 모든 카드에 작가의 얼굴이 그려져 있는 작가들(Authors)이라는 카드 게임을 좋아했었다. 그때 당시 나는 그들이 모두 백인이라는 사실을 알아차리지 못했다. 카드에 남성 작가만 그려져 있는 건 아니었다. 내가 사랑하는 에밀리 디킨슨(Emily Dickinson)[1] 카드도 포함되어 있었다. 내가 좋아하는 작품의 작가들도 있었지만 그렇지 않은 작가도 있었다. 나는 디킨슨을 가장 좋아했고, 뒤를 이어 에머슨(Emerson), 소로우(Thoreau), 그리고 호손(Hawthorne)을 좋아했다. 인종이 분리된 남부에서 백인들은 우리가 다니는 학교를 "유색" 학교라고 했다. 그러나 나는 인종과 학습을 연결 지어 생각하지 않았다. 서구 문화에서 "위대한" 작가라고 구분해 놓은 "작가 목록"이 있다는 걸 알지 못했다. 내가 살고 있는 세상에 똑똑한 사람들, 즉 선생님들은 모두 흑인이었다. 선생님들은 작가들에 대해 가르쳐주었고 그들이 가르쳐 준 작가들의 말과 생각은 내 삶에서 매우 중요했다. 소녀 시절, 책을 통해 자아와 정체성에 대해 느끼게 되면서 나는 인종과 글쓰

---

1) 에밀리 디킨슨(Emily Dickinson, 1830–1886) 19세기 미국의 대표 시인. 자연과 사랑, 죽음과 영원 등을 주제로 작품 활동을 펼쳤다. 종교적 압박과 남성우월주의, 노예제도 등이 만연했던 때 시대의 아픔과 여성으로서의 삶의 고통을 작품으로 승화했다는 평가를 받고 있다. (역자 주)

기에 대해 생각하지 않았다.

10대가 되어 나는 흑인 작가들을 찾아보기 시작했다. 그 시절 학교는 인종이 통합되었다. 흑인 아이들은 동네를 떠나 우리를 원하지도 않았고 받아주지도 않았던 백인 세상으로 등교하게 되었다. 작가가 되기로 결심하고 나서, 나는 흑인 작가들의 작품을 읽고 싶었다. 인종차별적 의도가 없음에도 백인 교사들은 흑인들은 거의 책을 내지 않았으며, 있다 할지라도 그들이 쓴 책은 학교에서 읽거나 가르칠 만큼 좋지 않다고 확언했다. 인종격리정책 시대에 자라면서, 사람은 지배자 문화와 관련된 의구심을 갖게 되었다. 흑인 아이들은 아주 어릴 때부터 백인들과 백인들의 세계관을 "신뢰하지" 않도록 배웠다. 그들은 우리의 지성과 삶에 대해 관심이 없었다. 나는 직접 흑인 작가들을 찾아보면서 제임스 웰던 존슨(James Weldon Johnson), 랭스턴 휴(Langston Hughes), 조지아 더글라스 존슨(Georgia Douglas Johnson) 외에도 많은 작가를 발견했다. 내가 사랑하는 에밀리 디킨슨의 작품만큼이나 훌륭하고 매력적인 시를 쓴 흑인 작가들의 작품 세계를 발견했다. 내 마음속에 만들어진 목록은 영혼의 울림을 불러일으키는 작가들로 채워졌고, 나와 나의 세계를 변화시킬 만큼 강력한 말과 지혜 그리고 비전을 주는 그들의 작품으로 가득 찼다.

다행히도 나는 60년대 말 대학에 입학했다. 급진적이고 진보적인 사상가들이 인종차별과 성차별적 편견이 어떻게 교육과정 형성에 영향을 미쳤는지에 대한 의문을 제기하면서 주요한 교육 혁명이 시작되고 있었다. 교사들은 그들이 선택한 수업 교재와 자료들이 정치적으로 중립적이지 않다는 것을 고려해야 했다. 문학연구 관련 학계에서 백인 남성의 글과 사상은 독점적으로 "훌륭"하다고 평가받았다. 이들의 작품 역시 도전받았다. 교사들은 남성도 아니며 백인도 아닌 작가들을 포함시키기 시작했다. 대학 1학년 때 교수들은 백인 여성 작가와 흑인 작가들의 작품이 충분히 "좋은"지에 대해 공개적으로 토론했다. 그리고 그들은 동의하지 않았다. 교수들의 생각과 상관없이, 교과 과정은 변했고 이미 돌이킬 수 없을 것처럼 보였다. 인권 운동과 페미니스트 운동이 백인 남성 헤게모니에 대해 쉴 새 없이 문제를 제기했다. 우리가 다양한 작가와 사상가들에 대해 더 많이 공부하게 되면서, 우리는 인종과 젠더 편견에 대해 질문했다. 의식 있는 학생들은 인종차별과 성차별이 그들이 무엇을 읽고 공부하는지를 선택하는 데 영향을 미치고 있다는 사실을 알았으며, 이에 대해 고민하지 않는 교수의 수업을 멀리했다.

많은 교양대학에서 지배문화를 유지하는 교수들은 학생들이 그들의 수업을 피해 더 포용적인 교사들과 함께 공부하려고 한다는 사실을 알게 되었다. 포용과 다양성을 촉진하는 방식으로 교육과정이 변화하자 현 상태는 더욱 위협을 받았고, 제국주의-백인우월-자본주의-가부장적 편견을 위협했다. 반발이 시작되었다. 대중매체는 잘못된 정보를 퍼트리는 선전 장소가 되었다. 더 이상 백인 남성 작가와 사상가들을 연구하지 않으며, 모든 분야의 고전이 무시되고, "위대한" 작품들이 평범한 사상가와 작가들의 작품으로 대체되고 있다고 전했다. 그야말로 사실이 아니었다. 그러나 매체는 대중들이 포용을 위협으로 받아들이도록 부추겼다. 사람들은 교육과정이 만들어지는 방식을 전혀 몰랐기 때문에, "정치적 올바름"은 폭정으로 받아들여져 공격받기 쉬운 표적이 되었다.

실제로 다양성에 관한 집중적 관심은 교육을 변화시켰다. 그 결과 제국주의-백인우월-자본주의-가부장적 사고에 내재된 편견을 반영하거나 지지하는 내용은 교육에서 점차 사라지게 되었고, 학습은 활력을 찾게 되었다. 오랫동안 잊고 있었던 가르침과 학습에 있어 진실함이 복원되었다. 등록률이 낮은 "전통적" 학과에 다양한 사상가와 작가를 다루는 새로운 수업을 개설하자, 학생들이 늘어났다. 교실은 여러 사람이 참여하고 문제 중심의 학습이 이루어지는 다양성을 갖추게 되었고 이로 인해 대화와 참여가 촉진되는 유용한 맥락이 조성되었다.

어떤 대학도 백인 남성 헤게모니가 지지하는 작가 목록을 삭제하지 않았지만, 보수적 대중 매체는 잘못된 정보를 유출했다. 관습적으로 이어져 온 편향된 학습 과정을 선택하고자 하는 학생에게 다양성을 증진시키고 편견을 바로잡는 것을 목표로 하는 과정을 수강하라고 강요하지도 않았다. 그러나 보수적 전문가들은 대중매체를 이용하여 페미니즘 옹호자들이 학생들에게 백인 남성 사상가와 작가 연구를 거부하도록 가르치고 있다고 했다. 그럼에도 불구하고 페미니스트 사상가들은 학생들에게 편견에 대해 조사하고 남성 지배와 인종과 계급의 교차점에 대해 비판적으로 생각하도록 독려했다. 페미니즘이 실제로 한 일들은 대중매체를 통해 대중들에게 공개되지 않았다.

대중매체는 메시지를 단순화하려고 한다. 그래서 다양성을 포함한 대부분의 복잡한 학문적 문제들은 대중매체를 통해서 정확하고 완전하게 전달되지 않는다. 심지어 진보적 학자들도 이러한 문제들을 토론할 적절한 언어를 찾거나 만드는 것을 어렵다고 생각한다. 많은 페미니스트 문학 연구자들은 학생들에게 인종차별주의자, 성차별주의자, 계급 엘리트주의 혹은 동성애 혐오자일지도 모르는 작가의 작품을 읽는 것이 중요하다는 확신을 어떻게 설명해야 할지 모르겠다고 한다. 미국 남부의 백인작가 윌리엄 포크너(William Faulkner)는 내가 가장 좋아하는 작가 중 한 명이다. 그의 작품은 성차별적이고 인종차별적이다. 이러한 결함에도 불구하고 그의 작품은 문학적 가치를 가지고 있다. 편견적 사고가 팽배했던 역사적 시대에 쓰인 작가의 작품을 읽을 때, 나는 다양한 의도를 알아챌 수 있는 입장으로 그들의 작품에 다가간다. 작가는 경치의 아름다움을 전달하기 위해 경외심을 불러일으키는 탁월한 감각으로 글을 쓸 수 있지만, 그 작품에는 인종차별적이고 성차별적인 가정이 포함되어 있을 수 있다. 작가는 언어로 혹은 작품에서 내가 가장 마음에 들어 하는 부문을 통해 내 마음에 말을 걸어올 수 있다.

내가 가장 좋아하는 포크너의 소설은 『8월의 빛(Light in August)』[2]이다. 이 작품의 제목은 남부에서 자라던 나의 어린 시절을 떠올리게 한다. 계절이 바뀌기 시작하면서 자연과 빛이 변하고, 여름에서 겨울로 넘어가는 시기의 기억이다. 물론 이 소설에는 인종차별과 성차별적 순간들이 많다. 포크너는 그 시대의 남성이다. 그러나 초월적 시각으로 그가 살던 시대를 뛰어넘어 상상하는 사람이었다. 특정 역사적 시기의 작가들이 그들의 작품을 통해 지배자 문화를 표현할 때, 우리는 그들이 정치적 선택을 하고 있다는 것을 알게 된다. 그러나 역사적 시기마다 감히 그 시대의 지배자 문화의 통제를 벗어나 상상하는 사상가와 작가들도 항상 존재했다. 그들 역시 정치적 선택을 하고 있었다.

반면, 포크너는 인종, 계급, 젠더 특권을 비판 없이 수용해서 큰 이득을 보았다. 그는 아이 시절과 성인이 된 이후에도 자신을 돌봐주는 착취당하는 흑인 노예에 대한 깊은 감정적 유대감을 가지고 있었다. 이것은 모든 지배 시스템에도 포함된 역설이다. "절대적"이거나 폐쇄된 시스템은 없다. 그러므로 인종차별정책의 이데올로기는 미국 남부의 백인과 흑인들이 가까워지는 것을 금지하라고 명령할 수 있지만 그럼에도 감정적 연결이 이루어졌다. 친밀감과 애정의 유대감이 형성될 수 있지만, 이러한 친근함과 상호 존중의 감정은 인종차별적

2) 1932년 발표된 윌리엄 포크너의 7번째 장편 소설. 미국 남부 미시시피주를 배경으로 백인 여성 살해 사건을 통해 인종과 여성 문제, 사회 갈등 등을 다룬 작품이다. (역자 주)

지배 시스템을 붕괴시키지 않았다. 그러나 경계 넘기(transgression of boundaries)로 인해 후에 시민권 투쟁에 참여한 남쪽 백인들에게 강력한 동기가 되는 감성적 분위기를 만들어 내는 데 도움을 주었음은 의심할 여지가 없다.

나는 10대 때 처음 『8월의 빛』을 읽었다. 나는 집을 떠나 과감히 여행을 가려는 가엾은 백인 여성 레나(Lena)에 대한 묘사에 깊은 감명을 받았다. 나는 소설 속 레나의 대사를 배웠고, 나에게 익숙한 남쪽 지역과 집에서 떠나온 삶의 여정 중에 그 대사를 인용했다. 나는 이 책 속에서 인종차별적이거나 성차별적인 부분을 전혀 기억해 낼 수 없다. 만약 그가 인종차별주의자이고 성차별주의자라서 그의 작품 읽기를 거부했다면, 나 자신의 정체성을 형성하는 데 엄청난 손실을 봤을 것이다. 미국 문학 교수가 되어 그의 작품을 가르쳤을 때, 나는 그의 작품에 등장인물이 표현한 편견과 인종적 증오를 무시하거나 얼버무리지 않았다. 그렇다고 해서 그 부분에 초점을 두고 비판적 읽기에 집중하지도 않았다. 어떠한 남부 사상가나 작가들도 백인 남성 웬델 베리(Wendell Berry)[3]만큼 성공적으로 내가 지적으로 성장하는 데 도움을 주지 못했다. 그러나 나는 그의 연구가 때때로 꽤 성차별적이라는 것을 알게 되었다. 나는 그의 작품을 존경하고 공개적으로 그리고 사적으로 그와 친해질 기회가 있었다. 그러나 그의 가부장적 사고로 인해 우리가 서로를 인정하고 친밀해지는 것이 힘들었다. 하지만 이러한 사실이 내가 그의 작품을 읽고 공부하면서부터 계속해서 배운 모든 것을 바꾸지 않는다. 그 역시 젠더에 관해서라면 그 시대의 사람이다. 그러나 그는 우리나라에서 일어나는 대부분의 지배 형태에 근

---

3) 미국의 시인이자 농부, 문학비평가. 1세대 환경운동가로서, 국내에 『온 삶을 먹다(Bring It To The Table)』 등 그의 저서가 출간되었다. 파괴적인 산업문명과 산업농업의 폐해를 알리는 작가로 활동했다. (역자 주)

본적으로 저항한다. 성차별적 사고가 약간의 연결고리가 될 수 있으므로, 그가 젠더에 대해 좀 더 진보적이라면 지배에 반대하는 그의 모든 노력을 더 강력하게 만들 것이다. 그의 성차별적 사고가 변하지 않는다고 할지라도 여전히 그의 작품은 중요하다.

어떤 작가와 사상가의 작품을 사랑하고 거기에서 배울 때가 있다. 그런데 어떤 형태로든 그 작품이 지배자의 사고방식과 결합되어 있으면 우리는 실망하게 된다. 그러나 실망스러움은 항상 감사와 기쁨의 그늘에 가려져 있다. 당신이 선거권을 박탈당하고, 착취당하고 또는 억압받는 그룹의 일원일 때, 지배자 문화를 지지하는 어떤 사상가나 작가가 무지의 순수함에서 그리했을지라도, 그들은 당신에게 상처를 주는 세상을 지지한다는 것을 잘 알고 있다. 마치 항상 좋은 관계를 유지하다가 가끔 학대하는 누군가와 사귀는 것과 다르지 않다. 결국, 이러한 관계는 사라진다. 흑인들은 흑인 캐릭터가 비인간화되는 작품을 읽을 때 우리가 정신적으로 받을 영향에 대해 거의 글을 쓰지 않았다. 나는 백인 독자들이 『허클베리 핀(Huckleberry Finn)』을 읽으며 느끼는 즐거움을 온전히 공감하기 어렵다. 헉(Huck)이 짐(Jim)을 대하는 방식을 납득하기 어렵다. "검둥이 짐(nigger jim)"이라는 구절도 귀에 거슬린다. 인종차별에 대해 배우지 않은 독자들이라 할지라도 헉을 영웅으로 생각해서는 안 된다. 사실 이것은 정치와 관점의 문제다.

내가 지금 가르치고 있는 대학의 교수들은 대개 한 학년 내내 읽을 한 권의 책을 고른다. 일을 시작했을 때, 나는 그들이 읽고 있던 책 한 권을 받았다. 이 책은 석탄 채굴과 노동조합 설립 투쟁에 대한 백인 여성 작가의 소설이었다. 이 소설을 읽는 것이 학생들이 애팔래치아[4]의 정치 세계를 더 잘 이해하도록 도움이 될 것이라고 판단했다.

---

4) 지리학적으로는 뉴욕에서 앨라배마주로 뻗어 있는 고원지대를 말한다. 애팔래

작가가 백인 여성 캐릭터들을 페미니스트이자 급진적이고 용감한 사람들로 묘사하면서 백인 여성의 새로운 역할을 창조하기 위해 노력한 것은 분명했지만, 흑인 캐릭터에 대한 묘사는 전형적으로 인종차별적이었다. 소설 내내 백인 남성 캐릭터들은 그들의 인종적 혐오를 표현했고 급진적이고 조합을 지지하는 흑인 남성은 잔인하게 살해되었다. 나는 동료들에게 이 책을 읽은 흑인 애팔래치아 학생, 그중에서도 대학교 1학년 학생들이 인종차별적인 감정과 묘사로 인해 불쾌해 할 수도 있다고 했다. 그들은 인종차별은 단지 캐릭터를 통해 표현될 뿐이라며 "예전에는 그랬었죠"라고 답했다. 물론 나는 그 당시에 성차별과 여성혐오가 공개적으로 표현되었다는 사실을 알고 있지만, 작가는 백인 여성에 대한 좀 더 진보적인 이미지를 제공하는 것이 중요하다고 생각하는 것처럼 보였다. 다시 말하자면, 소설 작품들은 본질적으로 실제 사실이나 현실을 따르도록 요구되지 않으며, 대개 그렇게 하지도 않는다는 것을 반드시 짚고 넘어가야 한다. 캐릭터들이 어떤 집단에 대한 강한 편견과 증오심을 표현할 때 독자들은 비판적 태도를 유지할 필요가 있다.

나는 과거의 어떤 작품이 전형적 인종차별, 성차별 그리고 동성애 혐오적 사고를 포함하고 있을지라도 광범위한 맥락을 담은 시각을 가지고 있다면 기꺼이 읽을 것이다. 현대 문학을 읽으면서는 어떤 집단을 묘사할 때 극도로 해로운 작품은 받아들이려 하지 않는다. 대학원 시절에 나는 인종, 계급, 젠더 그리고 성에 대해 비판적으로 생각하는 방법을 학습했다. 그리고 전형적 혐오의 방식으로 묘사되는 사람들의 고통스러운 현실을 의식하게 되었다. 특히 제국주의–백인우월주의–

치아에서 석탄 주요 생산지인 동부 켄터키가 포함되어 있다. 정치적으로 민중주의 성향도 발견되지만, 대부분 보수적인 편이며 가족과 지역 사회의 유대감은 강하지만 외부에는 폐쇄적 성향을 보인다. (역자 주)

가부장제의 헤게모니를 강화하는 작품에서 말이다. 예를 들어, 만약 내가 잔인한 강간을 묘사하는 소설 작품을 가르치고 있다면, 나는 강간 피해자였던 교실의 누군가가 이 글을 다르게 경험할 것이고 주의해서 진행해야 한다는 것을 알고 있다. 학생들에게 충격적이거나 고통스러운 내용이 작품에 있을 수 있다는 것을 미리 알려줄 수 있다. 오늘날 내가 사랑하는 윌리엄 포크너를 가르치고 있다면, 나는 20년 전보다 더 많은 시간을 할애해서 그의 글의 배경인 정치적 상황에 대해 토론할 것이다. 그리고 그의 작품을 평가절하하려고 하지 않고, 소설을 통해 지배자 문화에 충성하고 이러한 가치를 영속시키려고 한 작가에 대해 학생들이 적절한 시각을 가질 수 있도록 할 것이다.

교실 안팎의 다양성 문제는 공개적으로 언급된 적도 있었지만, 서서히 사그라들거나 잘못된 보도로 얼룩지고 있다. 과두정치가 세계정치의 표준이 되면서, 많은 곳에서 세계의 다양성에 대해 다루는 교육이 필요하다. 보수적이든 급진적이든지 간에 학생들은 그 어느 때보다 편견 없는 관점에서 배울 필요가 있다. 학생들과 교사들이 자유의 실천으로 교육을 창조하는 방법을 알고자 한다면 그 어느 때보다 국적, 인종, 성, 계급 그리고 성별의 차이를 완전히 이해할 필요가 있다.

「허클베리 핀의 모험(Adventures of Huckleberry Finn)」과 인종 문제

마크 트웨인(1835-1908)이 1885년 출간한 『허클베리 핀의 모험』은 미시시피강을 따라 펼쳐지는 십 대 소년의 모험담을 그리고 있다. 남북전쟁 직전의 미국 사회를 밀도 있게 조망한 소설로 학자, 문학평론가, 교사, 정치인 등으로부터 미국인들의 사랑과 관용의 정신을 대변하는 명작이라 칭송받는다.

그러나 인종차별적이라는 비판과 반인종차별적이라는 옹호 사이의 논쟁이 지속적으로 진행되었다. 가령 흑백 인종문제를 중심으로 다루고 있는 이 소설이 백인들로 구성된 학자, 평론가, 기자, 교육자 전문가들의 자의적이고 임의적 판단에 근거해 평가받았다는 점을 지적한다. 예를 들어, 백인소년 헉이 미스 왓슨의 도망노예인 짐의 도주를 돕는 장면이 그러하다. 짐을 발견한 헉은 고발하는 편지를 썼다가, 짐이 자신에게 잘해 주었던 일을 떠올리고 편지를 찢어 버린다. 이 장면을 읽은 백인들은 미국인들의 관용과 자유와 화해의 정신을 압축해 보이는 것이라고 해석할 수 있겠지만, 흑인들에게는 인종차별의 과거와 현재를 의도적으로 외면하고 노예제도와 관련된 비참한 과거를 미화하는 것으로 해석될 수 있다. 그리고 이 과정에서 헉은 "설사 사람들이 나를 비천한 노예제 폐지론자로 취급하더라도 개의치 않겠다"며 불명예를 무릅쓰면서 짐의 도주에 협조하겠다는 말을 한다. 노예제 폐지론자를 "비천하다"고 언급하는 것이 당시 노예제 폐지에 대한 시선이 어떠했는지에 대해 추측할 수 있게 한다. 더욱이 "검둥이(nigger)"라는 표현이 2백 번 이상 반복되며, 짐을 미신을 추종하는 사람으로 묘사하는 등 흑인들이 희화화되는 소설을 흑인들이 백인들처럼 받아들이기는 힘들다. 백인 옹호론자들은 트웨인의 소설을 제대로 평가하기 위해서는 그곳에 나타난 유머, 아이러니, 풍자 등을 종합적으로 고려해야 한다고 주장한다. 그러나 흑인을 아래로 내리깔고 보는 듯한 트웨인의 글을 그냥 받아들이기 어렵다.

더 심각한 것은 중고등학교에 다니는 흑인 학생들이 이 소설을 수업 시간에 읽으면서 느끼는 분노와 모욕감, 정체성의 혼란을 경험한다는 것이다. 교육자 윌리스는 "어린 흑인 학생들의 백 퍼센트는 그들이 교실에 앉아 이러한 종류의 쓰레기를 읽어야 할 때, 모욕감을 느끼고 당황했다"고 주장한다. 그들은 "검둥이"라는 표현이 반복되는 이 소설을 다른 백인학생들과 함께 수업 시간에 큰 소리로 읽으면서 굴욕감을 느끼고, 끝내 수업을 거부하기까지 했다. 토니 모리슨마저도 학생 시절 이 소설을 읽으며 "소리 없는 분노"를 느꼈다고 한다. 흑인 학생들이 느끼는 굴욕감은 쉽게 무시할 수 없다. 그 원인이 무엇이든 간에 이미 인종적 편견에 시달려 온 흑인 학생들에게 "검둥이"라는 말이 수없이 반복되는 글을 읽도록 하며, 흑인을 계속 하등한 존재로 묘사하는 글을 읽게 하는 것이 교육적인가는 쉽지 않은 문제다.

[자료출처]
왕철(2007), 마크 트웨인과 낸시 롤스의 대화적 관계 - 『허클베리 핀의 모험』을 '다시 쓴' 『나의 집』, 영어영문학 53(1), 47-71쪽.
유이나(2013), 『허클베리 핀의 모험』에 나타난 인종문제의 양가성: 바흐찐으로 다시 읽기, 미국학 36(2), 33-55.

가르치기 ⑲

존경받는 교사

어린 학생들 사이에서 교사에 대한 존경이 갑자기 사라지고 있다. 처음 집을 나서서 학교에 오는 어린아이들은 행복하기 위해서 그들이 부모를 믿는 것처럼 교사를 신뢰해야 한다는 것을 배운다. 부모들은 교사의 긍정적 의지를 믿고 있기에, 교사들이 아이들을 현명하게 돌볼 것이라고 확신한다. 그래서 아이들에게도 교사를 믿으라고 한다. 교사들을 존경하고 존중하는 것은 중요하다. 그러나 10대가 될 때쯤 학생들은 교사를 부정적 권위를 가진 존재 혹은 공공연한 적으로 생각하기도 한다. 교육은 훈련과 체벌의 모델이 사회적 관계를 형성하는 맥락 속에서 이루어질 수 없다. 강자가 약자를 지배하는 계층구조의 역학이 용인될 때, 학생들은 교사들을 존중하지 않을 것이고 그 반대의 상황에서도 마찬가지일 것이다. 학생들은 교사 앞에서 존중하는 척할지도 모른다. 그러나 이러한 태도의 진실은 존경이 아닌 복종이다.

교사들, 특히 공립학교의 선생님들은 교사를 존경하지 않는 태도가 가정에서 시작된다고 한탄했다. 많은 교사는 나르시시즘의 문화가 젊은이들에게 미치는 영향에 관해 이야기했다. 교사들은 10대들이 그들의 부모를 어떻게 무시하고 있는지에 대해 말했다. 부모들은 자녀들이 그들을 사랑하지 않을까 봐 두려워서, 아이들의 응석을 다 받아

주고 그들을 애지중지한다. 안타깝게도 자녀가 선생님에게 강한 애착을 가질 때 위협을 느끼는 부모들이 있다. 그들은 자녀와의 애착이 약하다. 이 부모들은 교사가 그들의 자녀들에게 별 영향력을 끼칠 수 없도록 자녀에게 교사를 무시하도록 부추긴다. 교사가 학생의 자아실현을 강화하기 위한 지식을 전달하지만, 가정에서는 성장이 촉진되지 않는 경우가 있다.

동시에 많은 학생은, 특히 고등교육을 받는 이들은 교육을 상품으로 여긴다. 그들은 선생을 지식 "공장"의 하급 노동자로 생각해서 가정부나 청소부 같은 서비스 종사자로 생각한다. 그들은 이들을 무시하고 경시하도록 배웠을지도 모른다. 물론, 학생들이 어마어마한 등록금을 내는 캠퍼스에서 학생들은 그들이 (그들 부모를 통해) 교사의 임금을 지불하는 것으로 생각한다. 그래서 그들은 교수들이 학생들보다 낮은 지위를 가진 노동자로 보는 경향이 크다. 공립학교와 대학에서 학생들이 교사를 종속시키려고 할 때, 교사를 향한 폭력이 종종 발생한다. 교사들은 학생들과 자신들 사이에 감정적 거리를 두어야 갈등이 일어나지 않을 것이라고 생각한다. 그러나 교사와 학생 사이에 진정한 친밀감이 일어나지 않는다면 학습의 과정은 온전하게 일어나지 못한다.

고등학교에서 학생들은 교사들이 중요한 영향력을 가진 사람이라 생각하고 진정으로 좋아할 수도 있다. 그렇다고 그들이 반드시 교사를 존경하는 것은 아니다. 고등학교 학생들과 마찬가지로, 대학생들은 특정 교수를 좋아하고 존경심을 보일 수 있지만 환심을 사려는 의도로 존경을 표현할 수도 있다. 보통 교수들은 어떤 학생이 존경을 표하기 전 이미 그 학생을 높이 평가하고 있었다고 말한다. 이러한 사실은 불균형한 힘의 배치를 보여준다. 학생들은 거부를 두려워한다. 교수들 역시 거부를 두려워하지만, 그렇다고 해서 우리의 자존심이 상하는 것은 아니다.

공립학교에서 고등교육에 이르기까지 교사가 모든 단계의 학습에서 학생의 친구가 되려고 할 때마다, 학생들은 이 친근한 울림을 그들의 계층적 관계를 무너뜨리는 행동으로 볼 가능성이 있다. 이러한 행동은 유익하든 긍정적이든지 간에 교사에게 항상 더 큰 권위를 부여한다. 예일대학의 조교수로 가르친 첫해, 첫 수업 시간에 학생들에게 내가 그들에게 큰 애정을 가지고 있지만 만약 열심히 공부하지 않거나 숙제를 하지 않는다면 결과에 따라 성적에 반영할 것이라고 말하는 것이 필요하다는 것을 알게 되었다. 처음 가르치기 시작했을 때 내가 애정을 많이 쏟은 한 학생은 열심히 공부하지 않았다. 그리고 태만한 수업 참여 점수를 성적에 반영했을 때 그는 충격을 받았다. 그는 사무실에 와서 여러 번 말했다. "나는 선생님이 저를 좋아한다고 생각했어요" 나는 여전히 그를 좋아한다고 말했다. 그렇다고 해서 그가 노력한 것보다 더 높은 성적을 준다면 내가 그를 해치는 일이라고 주의를 주었다.

교사와 학생 관계는 본질적으로 불평등하며 둘 사이의 애정은 이러한 본성을 해친다는 가정 때문에 학생들은 선생님을 존경하기 어렵다. 제국주의–백인우월주의–자본주의–가부장 정치에 의해 통치되는 사회에서 계급체계와 관련된 대부분의 관계는 지배 모델을 이용하여 구성된다. 리안 아일러는 이 모델을 파트너십의 힘(The Power of Partnership)에서 설명했다. "지배 모델에 따르면 누군가는 위에 있고 누군가는 아래에 있어야 한다. 위에 있는 사람들은 그들 아래에 있는 사람을 통제한다. 어린 시절부터 시작해서 사람들은 무조건 명령에 복종하는 법을 배운다" 우리 학생들 대부분이 이러한 방식으로 생각하기 때문에, 그들은 진정한 존경심을 느끼지 않으면서도 순종하는 척하며 존중을 표현하는 척 행동을 하고는 한다.

모든 교사들이 존경을 받을 때 교육의 중요한 변화가 우리 문화에서 일어날 것이다. 교사들이 존경받고, 진심으로 존중받을 때, 가르치는 우리의 능력은 우리 학생들이 배우는 능력만큼 향상될 것이다. 존경과 종속이 혼동된 서구 사회에서는 종종 오해가 생긴다. 존경의 마음에서 교사를 존경한다면 복종은 필요하지 않다. 평등에 대해 강조하는 민주주의 사회에서 불평등이 존재한다는 사실은 반드시 지배가 일어나고 있다는 것을 의미하지 않는다는 것을 기억할 필요가 있다. 페미니스트 운동이 시작될 때, 많은 페미니스트 교수들은 자신들은 지배자가 아니며 학생들의 인간성을 말살시키는 부당한 권력을 행사하지 않으려고 교사와 학생이 평등한 것처럼 행동하려고 노력했다. 분명히 존재하는 계층구조를 부정하는 것은 학생들이 진심으로 교사를 존중하면서 학습하는 것을 어렵게 만들었다. 그것은 교실을 정직하지 못한 공동체로 만들었다.

우리는 교실에서 동등하지 않다. 교사들은 학생들보다 더 많은 권력을 가지고 있다. 그리고 지배 문화에서 교사들은 그 힘을 남용하기 쉽다. 지배자의 사고 환경에서 자라난 학생들은 교사와 학생 사이의 권력 패러다임을 거부하고 상호 관계를 만들어 내려고 하는 교사들에게 불편함을 느낀다. 상호 관계의 맥락에서 교사와 학생 사이의 파트너십이 형성될 수 있으며, 교사의 역할을 존경하면서 애정과 우정이 동시에 존재할 수 있다. 리안 아일러는 "파트너십 모델은 상호 존중과 배려하는 관계를 지지한다"고 설명하면서 가장 중요한 것은 "권력이 다른 이들의 권력을 빼앗기보다는 힘을 부여하는 방식으로 행사되는 것"이라고 제안했다. 교실에서 상호 관계의 의식을 갖기 위해, 교사들은 상호 존중과 존경의 중요성을 학생들에게 가르쳐야 한다. 우리의 지위가 다르다는 진실, 즉 계층구조를 인정할 용의가 있어야 하고, 동시에 지위의 차이가 지배나 권력의 남용으로 귀결되지 않을 수 있다는 것을 보여주어야 한다. 우리 사회가 가르침의 가치를 충분히 인정한다면 모든 사람, 특히 학생들이 교사에 대한 존경과 존중을 배울 기회도 따라올 것이다. 학생들로부터 존경과 존중을 받는 교수들은 이러한 비전이 우리의 가르치는 능력을 향상시키고 가르치는 일에 대한 우리의 만족감을 증가시키는 것을 알고 있다.

가르치기 ⑳

교수자 교육이 필요한 사람들

나는 자아실현과 자기계발에 교육이 중요하다고 믿는다. 그리고 대학에 가지 않거나 학위를 마치지 않은 채 중퇴한 사람들에게 학교로 돌아오라고 권한다. 학교를 마치지 못한 사람들이 하는 가장 흔한 변명은 그들이 출석한 수업이 "너무 지루하다"는 것이다. 어떤 수업이 지루한 수업인지 설명해 달라고 요청했을 때, 사람들은 교수에게 책임을 전가한다. 그들은 교수와 학생 사이의 상호 작용으로 만들어진 교실과 그곳에서 일어난 일에 대해 생각하지 않는다. 학생들에게 교실은 교수에게 "속해" 있으며 교수는 그곳에서 일어나는 모든 일을 결정하는 유일한 존재이다. 대부분의 학생은 교실 교육에 대해 이렇게 생각하도록 배웠다. 그러나 교실에서 일어난 일은 교수가 지루할지라도 단순히 교수에 의해 결정되지 않는다.

학부와 대학원 시절, 대부분의 교수는 설득력 있는 교사가 아니었다. 많은 교사는 그들이 전달하고자 하는 지식에 대해 열광하지 않았고 지루해 보였다. 돌이켜보면 나는 그런 수업에 대해 기억나는 게 없다. 대부분은 지루했다. 영어를 전공하면서 강의나 토론이 흥미롭지 않을 때도 강의 계획서에 제시된 책은 흥미로웠다. 교실이 매력적인 장소는 아닐지라도 교수들이 흥미 있는 연구를 제안할 때, 교실은 학습을 위한 기반이 될 수 있다. 내가 가르치는 첫해 동안, 나는 지루해지고 싶지 않았기에 우리 모두를 참여시키기 위한 교육 전략을 만들려고 애썼다. 그 당시 가르치는 것에 대해 비판적으로 생각하면서, 나는 교사와 학생의 상호 참여가 필요한 학습공동체로서 수업에 집중했다. 학생들에게 교실을 유익하고 역동적으로 만드는 데 그들이 참여하고 이바지했다고 설명했다. 이러한 노력은 교실을 흥미로운 학습장소로 만드는 것이 온전히 나의 책임이라는 초기의 부담을 줄이는 데 도움이 되었다.

학생들이 나에게 어떤 교수의 수업이 정말 지루하다고 불평하면, 나는 먼저 그들이 교실의 역동성을 위해 무엇을 기여했는지 물어본다. 분명히 교수들은 더 많은 권력을 가지고 있고 실제로 교실에서 일어나는 일에 더 많은 책임을 지지만, 학생들 또한 교실에서 역동을 만들어 낼 수 있다. 심지어 교수가 독재적이고 교실에서 일방적으로 말한다고 할지라도 학생들이 적극적으로 들을지 혹은 수동적으로 들을지는 교실 에너지가 긍정적인지 부정적인지를 결정할 것이다. 간단히 말해서, 학생들의 열정과 참여는 지루하거나 비의사소통적인 교수가 가르치는 수업을 흥미롭게 만들 수 있다.

재정의된 학습의 저자 데니스 레더 교수는 "가르치는 일은 리더십의 위치다"라고 주장했다. 교사들이 그들이 전공한 과목을 정말 좋아할지라도, 지도자로서 능력을 갖추고 있지 않을 수도 있다. 학생들이 맹목적으로 따라올 때, 교사로서의 불리한 조건은 더 심각해진다. 레더는 다음과 같이 설명했다. "우리가 학습을 재정의함에 따라, 우리는 무엇이 학생들을 지적이고 정서적으로 풍부하게 하는지에 대해 좀 더 자세히 살펴볼 것이다. 우리는 경솔하게 맹목적 추종을 가르쳐서는 절대 안 된다. 우리는 분노와 저항을 불러일으키는 방식으로 가르쳐서도 안 된다" 학생들의 학습 의지를 북돋우고 육성해야 하는 것처럼, 교사들은 가르치기 위한 효과적 방법을 더 학습할 필요가 있다. 한 학생이 나에게 그녀가 듣는 수업에 대해 이야기했다. 수업에서 교수가 너무 빠른 속도로 말을 해서 학생 대부분이 그의 설명을 따라갈 수 없는데, 누구도 그에게 적절한 조언을 해주지 않는다는 것이다. 학생들은 그들끼리만 불평했고, 그 교수가 더 나은 지도자가 되는 데 도움이 될 수 있는 정보를 공유하지 않았다. 레더는 "우리가 학습의 본질을 이해함에 따라 방법론 차원의 훈련은 모두 잊게 될 것이다. 그리고 우리는 교사들이 학습 발생의 조건을 형성하는 데 도움이 되는 교실 조건을 어떻게 시작하고 유지할지 이해할 수 있도록 도움을 줄 것이다. 학습 행동은 창발적이다"라고 설명했다. 대부분의 교사는 효과적으로 일하고자 한다. 지루함을 원하는 교사는 없다.

가르치는 주제에는 푹 빠져 있지만 의사소통 기술이 부족한 교수를 돕는 것은 어렵지 않다. 반면 교수가 완전히 유리되어 있고 비인간적일 때는 그 교실에 개입하기가 힘들다. 명석한 중년 흑인 여성 한 명이 대학으로 돌아가 남은 2년의 학부 과정을 마치기로 했다. 그녀는 교수들이 괴리되어 있는 수업에서 의미를 찾으려 애쓰는 일이 가장 힘든 장애물이라고 생각했다. 종종 심각하게 지루하거나 무관심한 교수들이 학생들이 졸업하기 위해 반드시 수강해야 하는 과목을 담당할 때가 있다. 학생들은 이러한 수업을 피할 수 없다. 대부분의 학생들은 이러한 맥락에서 학습하지 않는다. 그들이 부여받은 과제를 반복한다 해도 수업이 끝나면 빠르게 잊어버린다. 슬프게도 학생들을 가르치는 일에 대해 진정으로 고민하지 않는 교수들은 그들의 행동이 학생들을 좌절시키고 다치게 한다는 것을 알아차리지 못하는 경향이 있다.

비록 학생들이 직접 이러한 환경에 도전하거나 변화시키기가 쉽지 않지만, 상황을 개선하는 방법이 있다. 최선의 개입은 교실에 있는 모든 학생이 이름을 쓰거나 쓰지 않은 채로 편지를 써서, 그들이 교실에서 경험한 것을 공유하고, 그들의 긍정적 의도와 희망을 공유할 때 일어날 수 있다. 교수가 신경을 쓰지 않는 것에 상응하여 학생들도 신경을 쓰지 않았기에 현재 지경에 이르렀을 수 있다. 물론, 교사가 지배자 문화와 결합하여 결과적으로 학생들을 존중할 가치가 없다고 생각하는 때도 있다. 이러한 상황의 유일한 희망은 학생들 서로의 상호작용을 통해 지지와 확신을 발견하는 것이다. 어떤 상황일지라도 학생들이 피드백을 받는 것이 필요한 것처럼, 교수들 역시 유용한 비판적 피드백을 받는 것은 중요하다. 상처를 주거나 비인간적인 방법으로 행동하고 있다는 것을 인식하지 못하는 교사는 그들의 모습을 직면했을 때 행동을 바꿀 가능성이 있다. 인종차별, 성차별, 동성애 혐오, 계급 엘리트주의 혹은 부당한 편애 무엇이든지 간에 지배체제를 영속하기 위해 그들의 권력을 사용하는 교사들을 막아야 한다. 그럼에도 직접 대면하든 혹은 익명의 편지 쓰기를 통해서든, 그들의 행동이 학생들에게 상처를 주고 피해를 준다는 사실을 그들에게 알리는 것이 중요하다. 때로는 항상 주의하고 있는 교수들조차도 무의식적으로 어떤 학생이 필요로 하는 관심과 배려를 잊을 수 있다. 이 학생의 마음은 점점 멀어지고 교실을 떠날 것이다. 다시 말해, 언제 그리고 왜 학생들이 상처받았는지 교사들이 알아채지 못한다면 우리는 상처를 치유할 수 없다.

자존감이 낮은 학생들이 대학에 왔을 때 그들은 더 쉽게 상처받을지도 모른다. 대학에 입학하는 초기 소수집단 학생들은 더 위험할 수 있다. 그들은 단순히 중퇴해 버리거나 낙제점을 받는 방식으로 비인간적인 태도를 보이는 백인 교수에 대응할 수도 있다. 교육과 학습이 재정의됨에 따라, 나는 어떤 행동이 학생들을 깎아내리며 어떤 행동이 학습을 촉진하는지 잘 이해하도록 돕는 교사 훈련이 있기를 희망한다.

가르치기 ㉑

자존감

대학원생 대부분이 가르치는 일을 직업으로 삼으려는 현실에도 불구하고, 우리를 교사로 훈련하는 것에 대해서는 아무런 관심이 없다. 공교육의 예비 교사들은 훈련이 필요하지만, 교수가 되기 위해 교육받는 교사들에게는 필요하지 않다고 생각하는 모양이다. 모든 교수가 훌륭한 교사가 되고자 한다면 그들은 자존감에 대한 문제에 대해 고려해 보아야 한다. 그러나 교수자 교육에 관해 관심이 없는 현실에 비추어봤을 때, 누구도 문제를 제기하지 않는 것은 놀라운 일이 아니다. 일반적으로 영리한 사람들은 자부심이 강하기 때문에 자존감을 쌓기 위해 노력할 필요가 없다고 생각하기 마련이다. 실제로 "영리한" 아이들의 다수가 낮은 자존감을 깊이 숨기고 있고, 그들의 학업 성취 덕에 이러한 사실은 드러나지 않는다. 기본적으로 대부분의 사람은 자존감이 자신에 대해 좋게 느끼는 것을 의미한다고 생각한다. 심리치료사 나타니엘 브랜든(Nathaniel Branden)은 자존감을 폭넓게 이해시킨다. 그는 충분하게 실현된 자존감은 "삶과 삶의 요구에 적합하다는 경험"이라는 통찰을 공유한다. 더 설명하자면, 그는 다음과 같이 말했다.

> 자존감은 생각하는 우리의 능력에 대한 자신감, 삶의 기초적 도전에 대처하는 우리의 능력에 대한 자신감 그리고 성공과 행복을 위한 권리에

> 대한 자신감, 가치 있고 자격이 있다는 느낌, 우리의 필요와 요구를 주장할 자격이 있는, 우리의 가치를 달성하고, 우리의 노력의 결실을 즐기는 것이다.

자존감에 대한 이러한 정의를 고려할 때, 자존감의 개발은 삶의 이른 시기에 시작해야 하고 개인이 성장하고 성숙함에 따라 강화되어야 할 것이 분명하다. 실제로 공립학교는 착취당하거나 억압받아 권리를 박탈당한 가난한 어린이들의 자존감 문제가 논의되는 유일한 곳이다. 브랜든이 제안한 것처럼 이러한 어린이들에게 학교는 두 번째 기회, 즉 "가정에서보다 더 나은 자아감(sense of self)과 더 나은 삶의 비전을 꿈꿀 기회"를 주는 장소가 되어야 한다. 물론, 오늘날 공립학교에는 자원이 부족하고 교실 학생 수는 과잉이라 가르침을 실천하기가 어렵다고 믿는다. 이러한 환경에서는 상처받은 자존감이 회복할 여지가 거의 없다.

대학에서 가르치면서 나는 자존감에 깊은 상처를 입은 학생들을 만났다. 이러한 상처는 배움에 심각한 장애로 작용한다. 그들은 성취도가 낮은 학생들, 착취당하고 억압받는 그룹의 학생들일 수도 있고 아닐 수도 있다. 아마 가정의 역할을 제대로 하지 못하는 곳(이하 '역기능 가정'이라 한다)에서 자란 학생들일 수 있다. 지적 능력이 뛰어난 학생일 수 있지만, 그들은 가정에서 수치심을 느끼거나 존중받지 못할 수도 있다. 내가 가르치기 시작한 초기에, 대학원에서 받은 교육이 이미 취약했던 나의 자존감을 어떻게 공격했는지에 대해 학생들과 공유했다. 교수들은 특정 학생을 희생양으로 선택해서 창피하게 만들고 굴욕을 주었다. 이런 일은 일상적이었다. 보통 그들은 남성이었고 백인이었다. 그들의 동료로부터 "뛰어나다"라고 평가받을수록, 그들은 처벌받지 않고도 학생들을 비인간화했고 학생들에게 폭력을 가하도록 허용되었다. 나는 흑인 학생들과 유색인종 학생들이 학교의 인종차별과 백인 교수들의 인종차별적 관행에 대해 강력한 분노를 표출하는 작고, 배타적이고, 백인 중심 교양 대학에서 종종 강의한다. 나는 어떤 집단에서 소위 최고 수준으로 똑똑한 학생들이 교육받기 위해 "백인의 세상(whiteness)"으로 들어가기를 선택하고 나서 백인 전유물에 대해 불평하는 데 엄청난 양의 에너지를 쏟는 이유가 항상 궁금했다. 그러나 여러 해 동안 이 학생들을 많이 만나고 그들의 이야기를 들을수록, 이 불평의 핵심은 단지 인종차별만이 아니라는 것을 알게 되었다. 그들은 무례하고 수치심을 느끼게 하는 방식으로 학생의 정신을 훼손하는 교사들에 대해 이야기했다. 만약 당신이 "선발"된 학교에 다니면서 똑똑하다고 칭찬받았던 학생이라면, 고등교육기관에서 들어가서 가볍게 무시당할 수 있다는 사실은 굉장히 충격적이다. 그러한 곳에서 당신은 여전히 최고일 수 있고 가장 똑똑할 수 있지만, 교수들은 당신의 학업 성취나 성적에 관해 관심을 보이지 않고 투명인간 취급할 수 있다. 비인간화 관행은 어떠한 전면 공격보다 훨씬 더 은밀하게 전개된다. 사실 어떤 교수들이 조롱하고 빈정대면서 나의 자존감을 공격했을 때, 나는 분노를 숨긴 채 대응하고는 했다. 분노를 숨기는 것은 학습에서 기쁨을 경험하는 데 장애물이 되었다. 다행히도 나는 학부 시절 비판적 사고를 학습할 기회를 주고 통찰력을 가질 방법을 제시해 준 교사를 몇 명을 만났다.

교실에서 자존감의 근본적 문제는 대다수의 교사가 자존감이 부족하다는 것이다. 많은 교사는 책으로 공부하는 것에는 뛰어나다. 그러나 많은 교사는 독립적 사고를 하지 못하게 하는 역기능 가정과 학교에서 자랐다. 그곳은 수치심, 비난 그리고 언어폭력이 일상적으로 행해지는 장소이다. 우리의 교실이 권위의 가치가 지배하는 장소라는 것은 놀랍지 않다. 심리치료사 존 브래드쇼(John Bradshaw)는 상처받은 내면을 가진 아이가 되는 맥락에 관해 설명하면서 수치심에 기초한 가족은 자유를 부정하는 다섯 가지의 규칙을 세우고 있다고 결론 내렸다. “인식하고, 생각하고, 해석하고, 느끼고, 원하고 선택하는 힘. 그리고 상상하는 힘” 해로운 교육에서 이러한 규칙을 발견할 수 있다. 학생들이 교수들, 특히 필수과목 교수들의 수업에서 그들의 인간성이 파괴당한 이야기를 들려줄 때, 나는 피할 수 없는 현실을 그들의 자존감을 강화하기 위한 연습으로 생각해 보라고 권유했다. 만약 자존감이 많이 부족해서 그 수업이 생명을 위협한다면, 그들은 적절한 도움을 받아야 하며 그들에게 대안을 제안해 주어야 한다. 나는 진보주의 교육학이 강력한 추진력을 가진 이때, 공립학교든 대학이든지 간에 교사들이 그들의 상처 입은 자존감을 키울 수 있는 길이 열리기를 바란다.

대학교수들은 자존감에 대해 거의 언급하지 않지만, 관심을 가지고 있는 교사도 있다. 이 교사들은 학생들이 조심스럽게 우리를 찾아와서 그들의 부서진 영혼에 털어놓았던 경험을 가지고 있다. 더 슬픈 일은 수치심에 자살을 시도한 학생들을 병실에서 만나기도 한다는 것이다. 우리는 그들이 깊은 절망감으로 그들의 자아를 잃어버린 것을 알게 되었다. 교수들은 우리가 휘두르는 엄청난 힘이 학생들의 자존감에 영향을 미친다는 사실에 대해 부정한다. 그들이 가진 권력을 인정하는 교사들은 학생들의 의식을 높여 그들의 잠재력을 실현하는 데 힘을 사용한다. 상처받은 자존감을 가진 학생들 속의 숨겨진 보석을 발견해야 할 사람은 교사다. 보석을 발견하기 위한 노력은 학생이 건강한 자존감을 쌓기 위한 기반을 준비하는 상호 과정이다.

나는 흑인 학생들의 심리적 성장 과정을 목격했다. 그들은 긍정적인 자아와 정체성의 형성을 방해하는 인종차별적 세뇌의 잔재를 버리고, 마음의 탈식민화를 학습했다. 대학에서 가르치던 초기에, 나 역시 나의 중요한 역할이 지식을 전달하는 것이지 심리치료사가 되는 것이 아니라고 세뇌당했다. 하지만 학생들이 학습하는 데 자존감 부족이 방해가 된다면, 내가 그들과 공유하고자 하는 정보와 지식이 그들에게 건설적으로 이해될 수 있도록 방해물을 제거하는 것을 도와야 한다는 것이 명백해졌다.

학생들의 정신적 성장을 돕는 것이 가르침을 풍성하게 만든다는 것을 알게 된 후, 나는 자존감 향상 지원의 필요성을 받아들였다. 정말 똑똑하지만 자존감이 매우 낮아서 성적이 나쁜 학생들의 경우에는 더욱 확실해졌다. 내가 그들을 가르치고 싶다면, 나는 이 문제를 해결해야 했다. 정보를 저장하고 필요할 때 꺼내는 것을 학습한 "똑똑한" 학생들은 건강한 자존감을 배우는 것이 학습하는 데 반드시 필요하지는 않은 과정이라고 생각할 것이다. 그러나 학생들이 학교에 다니고 교사가 교직에 종사하는 기간이 지속될수록 그들은 자존감의 문제가 중요하다는 것을 더 잘 알게 된다. 교사들은 권위적이고, 독재적이며, 교실에서 불행해지며, 학생들에게 가학적이거나 비열해질 가능성이 높다.

교사들은 학생들의 잠재력에 대한 적절한 칭찬과 인정을 드러냄으로써 학생들의 건강한 자존감을 향상시킬 수 있다. 이는 칭찬이 무차별적으로 주어져야 한다는 것을 의미하지 않는다. 교사가 학생의 강점에 주목하고 그 토대로부터 일하도록 독려하는 것이 중요하다. 이를 통해 학생들은 건강한 자존감을 구축하기 위한 열쇠가 되는 필수적 자신감을 가질 수 있다. 나는 학생들에게 수업에서 좋은 점수를 받기 위해서 나를 기쁘게 하려고 하지 말고, 자신의 학습 진척도를 평가하는 방법을 가르친다. 그들은 자신이 받는 학점에 대한 책임을 스스로 인정함으로써 권한을 부여받는다. 그러한 권한 부여는 그들의 자존감을 강화시킨다.

미래에는 모든 교사 훈련 과정에 교사와 학생들을 위한 건강한 자존감 구축에 대한 학습이 필수적 요소로 포함되기를 바란다. 그렇게 된다면 우리는 심리적 성장의 기회를 가질 수 있을 것이다. 이 과정은 문제, 상호 존중, 돌봄, 그리고 협력에 기반한 작업이 의미 있는 교육의 기초가 되는 가르침과 학습의 공간을 만드는 방식으로 진행될 것이다.

가르치기 ㉒

독서의 즐거움

우리 집은 아버지는 일하시고 어머니는 주부인 가부장적 가정이었다. 나의 형제자매는 일곱 명이었다. 노동자 계급인 나의 부모님은 책을 읽었다. 그들은 책의 힘을 믿었으며, 그들은 당연한 듯 교육이 사회 이동의 수단이라고 여겼다. 어린 소녀 시절부터, 나는 독서를 권장받았다. 나의 어머니 로사 벨(Rosa Bell)은 고등학교를 졸업하지 못했지만, 독서에 대한 열정을 자랑했고 나와 그 열정을 공유하기 위해 열심히 노력했다. 아버지의 바람과 달리, 그녀는 책을 사는 데 기꺼이 돈을 썼고, 책을 소유하는 자부심과 그 책을 반복해서 읽을 수 있음으로써 가질 수 있는 기쁨을 내게 알려주었다. 나는 혼자서 조용히 책을 읽지 않았다. 내 보물을 이웃과 나누기 위해 책을 가지고 동네 어르신들을 찾아가 그들에게 책을 읽어주었다.

어머니에 비해 나이가 많은 아버지 역시 독서를 소중하게 생각했다. 그는 고등학교를 졸업했고 이발사가 될 자격증을 땄다. 그렇지만 다른 일을 하고자 했고 우체국에서 30년 이상 관리인으로 일했다. 우리 아빠는 독서가였다. 우리 집의 서재에는 그가 고른 책, 값비싼 백과사전 세트, 흑인 작가들의 작품, 백인 서양 고전으로 가득 차 있었다. 나의 아버지 베오디스(Veodis)는 흑인의 권리 신장을 지지했다. 그는 흑인들이 삶의 질을 향상시키고 싶다면, 시민권을 얻기 위해 투쟁하고 교육을 받아야 한다고 믿었다. 동시대의 많은 사람처럼, 우리가 살고 있는 세계에 대해 비판적으로 읽고 생각하기 위한 학습은 대학 교육이나 학위보다 더 중요하다고 믿었다.

최근 통계에서 "비문해 미국 시민의 공식적 추정치는 현재 4천만 명에 달하고 있다"는 것을 보았다. 돌이켜보면 읽고 생각하는 방법을 아는 것은 형식교육(formal schooling)을 받는 것보다 더 중요하다는 아버지의 이야기에 숨어 있던 지혜를 이제 이해한다. 루이스 라팜(Lewis Lapham)은 그의 책 『함구의 원칙[1]: 반대 진압과 민주주의의 억압에 대해(Gag Rule: On the Suppression of Dissent and the Stifling of Democracy)』에서 이 숫자를 인용하면서 다음과 같이 말한다.

> 미국 성인 10명 중 여섯 정도가 어떤 책도 읽어본 적이 없다. 국가의 교육 공시보고서는 패배한 전쟁의 사상자 보고서처럼 처참했다. 보고서 작성자들은 여론 조사에 응답한 성인의 4분의 1이 지구가 태양을 돈다는 사실을 모르고 있으며, 대학 신입생의 68%가 지도에서 캘리포니아를 찾는 데 어려움을 겪는다는 안타까운 소식을 전했다.

나는 책 읽기에 전혀 흥미를 갖지 못하는 학생들을 가르쳐 보았다. 문학 강좌 교수들은 책 읽는 것을 주저하고 싫어하는 학생들을 만날 때가 있다. 많은 학생이 독서에 무관심하다는 사실은 내가 전업 강의를 그만두기로 한 결정에 영향을 주었다. 가르치는 일을 하는 동안, 그들 앞에 놓인 모든 자료에 완전히 몰입하는 놀라운 학생들이 있었지만, 전혀 읽으려 하지 않는 학생들도 있었다. 그들은 그저 수업 시

---

1) 미국과 같은 양당 위주의 입법 과정에서 두 정당의 협상으로 특정 정책이나 법안이 결정될 때, 합의된 안을 그 이외의 정치적 쟁점과 결부시키지 않는 것을 전제로 하는 것. (역자 주)

간에 토론을 방해하는 존재였다. 주어진 자료를 전혀 읽지 않은 학생들이 교실 토론에서 장황하게 말을 늘어놓는 일은 언제나 당황스럽다.

나는 독서를 하고 주어진 과제에 참여하기를 원하는 학생, 교직원 그리고 교수를 가르칠 수 있도록 해 준 학교에서 일할 기회가 있었다. 정규 강의를 하신 대신, 나는 집중적인 짧은 강좌를 진행한다. 이 수업에서 독자들은 읽는다. 물론 책을 대체하는 컴퓨터처럼 기술의 역할에 대한 논의를 많이 한다. 그러나 컴퓨터로 책을 읽는 것은 손에 책을 들고 있는 것과 결코 같을 수 없다. 전기나 배터리의 도움 없이 페이지를 넘기고, 자신 혹은 다른 사람에게 큰 소리로 구절을 읽어주고, 침대에서 책을 읽고, 한두 장을 몇 시간에 걸쳐 읽고, 소리를 내어 읽는 것들 말이다. 꾸준히 반복해서 읽는 실천을 위해 책은 필수적이지만, 근본적으로 진정한 학습을 위해 책은 아주 중요하다. 책은 우리가 상상하게 한다.

대부분의 교사는 새로운 기술, 특히 컴퓨터가 정보를 획득하는 좋은 방법이 될 수 있지만, 오용될 경우 감각을 공격하고 상상력을 무디게 할 수 있다는 것을 알고 있다. 컴퓨터 사용 기술이 발달한 어린아이들의 상상력이 부족하다는 것을 시사하는 연구가 이미 진행되고 있다. 광범위하고 지속적으로 컴퓨터를 사용하는 어느 누구도 우리가 키보드로 일하는 방식이 수동적 활동이라고 의심하지 않는다. 어느 날 나는 철자를 정확하게 쓰는 게 어렵다고 동료들에게 이야기하고 있었다. 그들은 나를 이해할 수 없다는 듯 쳐다보고는 소리쳤다. “컴퓨터에서 철자 검사를 해요!” 어휘력을 향상시키고 싶은 나의 노력에 대해 그들은 시간을 낭비하고 있다고 생각할지도 모른다. 분명한 것은 독서를 통해 내 삶에서 새로운 단어들을 만날 수 있다는 것이다.

집중적 읽기를 요구하는 수업을 30년 이상 진행한 후, 나는 비판적인 독자가 되는 것이 형식적인 교육을 받거나 높은 학위를 받는 것보다 중요하다는 아버지의 생각을 받아들였다. 미국 인구 대부분은 고등학교를 졸업하고는 읽기를 멈추고, 학부를 졸업한 후에도 책 읽기를 중단한다. 우리나라에서는 책을 구매하는 것(공공도서관에서 빌리는 것보다)이 부유한 계층에 속한다는 신호였거나 혹은 낮은 계급 지위에서 벗어나려는 노력이었던 시절이 있었다. 요즘에는 모든 계급의 사람들이 책을 산다. 실제로 카페와 편안한 안락의자가 있는 서점에서 모든 이가 인쇄물, 잡지, 신문 그리고 책을 가까이 접하게 한다. 그럼에도 풍부한 읽을거리를 가진 서점이라는 세상은 책을 읽는 것이 "멋진" 일이 되는 문화를 만들어 내지 못했다. 더 많은 사람이 책을 소유할 수 있게 되었고, 심지어 버리는 것도 가능하게 되었다. 내가 성장하던 50년대에, 솔직히 말해 그 누구도 쓰레기통에 책을 버리는 것을 보지 못했다. 버려진 책을 발견했을 때, 그 책을 가지고 왔다. 물질 과잉의 시대에 우리나라 곳곳에서 사람들은 책을 버리거나 혹은 뉴욕 스타일로 길가에서 깔고 앉아있다. 소비문화에서 책은 화장실 휴지처럼 일회용으로 버려진다. 공예품을 아끼는 만큼 책을 소중히 여기지 않는 문화에서는 독서를 가치 있게 생각하지 않을 것이다.

토크쇼 진행자 오프라 윈프리(Oprah Winfrey)는 책을 홍보하고 독서를 장려한다. 그녀의 미디어 파워를 이용하는 것은 중요하고 긍정적 개입임이 분명하지만, 그녀의 쇼에 등장하는 많은 책은 쉽게 버려지는 책이다. 책이 단순한 상품, 전시할 물건 혹은 유행하는 물건처럼 보임에 따라, 읽히는 책은 줄어들었다. 나는 종종 책을 논평할 때 "가장 많이 판매되지만, 가장 적게 읽히는 책"이라는 간단한 문구를 사용한다. 어떤 동기로 소비자가 책을 구매하고 나서는 구매한 책을 읽지 않는지에 대한 연구가 진행되지도 않았다. 책을 사놓고는 열어볼 시간을 내지 않는 사람들이 있다. 읽지 않고, 펼쳐보지 않은 책이 여기저기 널려있는 것을 보는 데 지쳐서 사람들은 책을 버려버린다.

대부분의 독자, 특히 교사와 사서들은 책이 중요해지지 않을 미래가 올 것이라 생각하지 않는다. 문해 능력은 책임감 있는 시민을 위한 권리이자 필요이기 때문이다. 그러나 우리나라 전역의 도서관은 자금 부족으로 문을 닫고 있다. 모든 도시와 마을의 서점도 문을 닫고 있다. 경기침체가 이미 책의 운명을 바꾸고 있다. 독립 서점과 독립 출판가들은 책을 판매해서는 높은 임대료와 과도한 부동산 가격을 감당하지 못해 이곳저곳에서 문을 닫는다. 현대 페미니스트 운동이 절정에 달했을 때, 소규모의 여성 서점이 우리나라 전역에 문을 열었다. 오늘날 그 서점들 대부분은 문을 닫았다.

독립 서점은 대중들이 반체제 인사의 책을 접할 수 있는 몇 안 되는 장소이다. 수요가 많지 않아 대형 서점에 배치되지 않은 책들은 작은 독립 서점에서 독자를 찾을 수 있다. 작은 서점이 문을 닫으면 사서와 대형 서점 소유자들은 이런 책을 책꽂이에 배치하지 않을 것이고 독자들은 이 책들을 읽을 수 없게 될 것이다. 어떤 책을 주문하고 구매할지는 배후에서 결정되기 때문에, 특정한 책을 배치하지 않을 것이라고 대중에게 알릴 필요는 없다. 실제로 경제적 특권을 가진 사람들과 그렇지 않은 사람들 사이의 차이가 증가하고 있는 것처럼 재력을 가진 사람들만이 책을 소유하는 시대가 올지도 모른다. 이러한 가능성을 고려할 때 공공 도서관을 유지하는 것은 더욱더 중요하다. 문해에 기반을 둔 민주주의 교육이 가장 존중되는 기관은 도서관이다.

미국의 인구통계 변화에 대한 논평에서는 흰 피부를 가진 시민들이 소수민족이 될 것을 강조하고 있다. 이 사실은 영어를 말할 수도 있고 그렇지 않을 수도 있는 가정에서 태어난 새로운 시민들에게 문해교육이 필요하다는 것을 의미하지만 실상은 그렇지 않다. 읽고 쓰는 능력이 없는 새로운 인구는 듣고 말하지 못하는 노동자들을 선호하는 특권 계층을 위한 노예 임금을 받을 운명에 처해 있다. 최근의

한 연구에서 우리 사회 비문해율이 높은 그룹에 흑인 남성이 포함되어 있다는 것을 보여주었다. 감옥에 갇혀 있는 많은 흑인 남성들의 수감 기간은 길기 때문에 그들은 대부분의 성인기를 감옥에서 보낸다. 과거에 흑인 남성들은 감옥에서 그들의 삶의 첫 책을 만나고 읽게 되었다. 우리나라의 보수 세력은 모든 수감자가 책에 접근하는 것을 막으려고 한다. 수감자들에게는 마땅히 읽을 권리를 박탈해야 한다고 생각하기 때문이다. 문해를 향한 접근을 거부하는 것은 우리나라 민주주의의 미래를 위협한다.

내가 인종 분리된 소도시 흑인노동자 계급 경험에서 유명한 지식인이 되기까지의 내 여정에 대한 설명을 요청받을 때마다, 나는 읽기와 공공도서관의 중요성에 대해 강조한다. 독서는 이 나라와 세계 모든 시민에게 시민적 책임을 맡도록 한다. 독서 능력을 갖추지 않고는 자신과 세계를 돌보는 우리 세계의 적절한 관리자가 될 수 없다. 모든 교육적 환경에서 교사들은 독서의 힘을 촉진시키는 데 있어 가장 큰 윤리적·정치적 책임을 지는 사람들이다. 다른 시민들과 달리, 학습을 촉진시키는 것은 우리 직업의 일부이다. 그리고 문해 능력 없이는 책을 학습할 수 없다. 기초적인 읽기능력이 부족한 학생들은 그들의 충분한 능력만큼 배울 수 없다. 독서를 평가절하한다면, 그 학생은 능숙한 독자가 될 수 없다. 더 많은 학생이 학습을 경제적 성공을 획득하는 유일한 수단으로 보고 있기 때문에, 읽기와 그들의 직업적 목표 사이의 직접적이고 즉각적 관계를 보지 못한다면 독서의 힘과 즐거움은 전혀 중요하지 않은 것처럼 보일 수 있다.

90세가 다 되어가는 나의 아버지는 여전히 책을 읽는다. 요즘 그는 책을 읽을 때 커다란 돋보기를 사용해야 한다. 그에게 책 읽기는 느리고 어려운 과정이지만, 살아가고, 생각하고 꿈을 꾸는 과정에 필요한 세상을 아는 방법이다. 무엇보다 읽기는 그가 자신을 뛰어넘어 세상과 접촉하도록 한다. 독서는 연결의 가능성을 제공한다. 경계가 매우 엄격한 작은 마을 세상에서 노동자 계급의 아이로 자라면서 독서가 나에게 준 선물은 이것이다. 자동차 범퍼 광고에 "책은 영원히 지속되는 선물이다"라고 쓰인 것처럼 말이다. 독서를 통해 나는 생각과 상상력의 여행을 할 힘을 가지게 된다. 나의 의식은 독서를 통해 확장되었다. 책을 통해 글과 생각에 대한 열정의 토대를 만들어 가면서 읽기는 불가능을 가능하게 했다.

가르치기 ㉓

지식인의 삶

흑인 분리지역 남부 문화권에서 자란 나는 일찍부터 작가가 되고 싶었지, 교사가 되고 싶지는 않았다. 나에게는 가르치는 교수라는 직업에 필요한 기술을 갖고 있지 않았다고 생각했기에 별 흥미가 없었다. 가르치는 일을 하려면 다른 사람과 의사소통을 잘할 수 있고, 젊은 청년들 앞에 서서 말할 수 있고, 훈육하고 처벌할 수 있고, 다른 사람을 판단할 수 있어야 했다. 어린 시절 내가 알고 있는 가르치는 존재는 공립초등학교와 고등학교의 교사들이었다. 우리 동네에는 대학캠퍼스가 없었고, 대학교수를 만날 일도 없었다. 사실 나는 좋은 학생이었고 우등생이었지만, 고등학교에 다닐 때 대학에 진학하는 것에 대해 많이 생각하지 않았다. 그리고 다른 사람들(부모님, 선생님들, 지도상담사들)이 나를 위해 내 장래를 결정할 준비를 하고 있었기 때문에, 나는 진학에 대해 생각할 필요가 없었다. 50년대 가부장적이고 권위적인 가정, 교회, 그리고 학교 환경에서 누구도 나의 욕구에 대해 알고 싶어 하지 않았다. 그것은 당연한 일이었다. 똑똑한 여학생들은 자라서 교사가 되기로 되어있었다. 가난한 노동자 계급 출신의 영리한 어린 소녀들은 두 가지 선택지가 있었다. 남의 집 가정부가 되거나 학교 교사가 되는 것이다. 이 직업에서 벗어나기 위해 사랑에 빠져 전통적 결혼을 하고 집안에 남을 수 있을지도 모른다는 것을 모두 알고 있었지만, 낭만적 환상이었다. 인종이 분리된 남부에 사는 가난한 노동자 계급 출신의 똑똑한 흑인 소녀 대부분은 결혼 여부와 관계없이 고등학교 때부터 그들이 노동자가 될 가능성이 훨씬 더 크다는 것을 알고 있었다. 가난한 집안 배경을 가진 여성 중 집에 남는 호사를 누린 사람은 거의 없었다.

나는 책을 쓰고 싶었지만 생계 수단으로 생각한 적이 없다. 내가 고등학교를 졸업했을 때 세상은 변화하기 시작했고 흑인 여성들의 목소리가 들리기 시작했다. 나는 시민권과 여성 해방 전성기에 내가 성년이 되지 않았다면 내 삶이 어땠을지 종종 상상하곤 했다. 엄청난 두 가지 혁명이 나의 운명을 만들었다. 사회정의를 위한 운동은 내가 대학에 갈 수 있도록 했고, 장학금과 대출을 받을 수 있게 했다. 더 중요한 것은 내가 작가가 될 수 있다는 것을 진정으로 알게 해 주었다. 학부 마지막 학년과 대학원을 다니던 시절 나는 지적인 작업에 푹 빠졌다. 아이디어, 비판적 사고 그리고 이론에 대한 열정을 발견하면서 나는 내 삶의 새로운 길을 찾았다. 지적인 일을 하고 싶어 하고, 문화평론가가 되고자 하는 내 욕망은 반인종차별적 시민권 투쟁과 페미니즘 운동으로 향했다.

나는 반지성적 사회의 한 개인이 지식인이 되기로 한 강력한 이유가 있었다는 것을 보여주기 위해 나의 이야기를 하고 있다. 물론 흑인 여성 개개인이 지적인 삶을 그들의 천직으로 선택했다고 주장할 수 있게 된 것은 지난 30년에 지나지 않는다. 나의 학구적 경력은 페미니즘 이론과 문화 비평 생산을 중심으로 시작된다. 나는 가장 건설적인 비판을 했을 때 세계, 특정 주제 그리고 글에 대한 이해를 향상시킨다는 사실을 믿었다. 그러나 나는 학생, 동료, 친구 그리고 가족으로부터 받은 피드백을 받아들일 준비가 되어 있지 않았다. 그들은 나의 비판을 항상 부정적이고 공격적으로 보았을 뿐만 아니라 나와 다른 비평가들을 적대적 사람으로 보았다. 심지어 아주 명석한 동료들로부터 "비판은 사탄의 짓이다"라는 말을 들었다. 실로 그것은 악마의 작업이다. 확실히 해체주의의 작업은 잠재적으로 파괴적인 요소를 가지고 있는 것처럼 보인다. 해체주의자들의 비판은 주제나 텍스트를 분해해서 다양하게 해석하고 의미를 도출할 가능성의 구조를 보여주었지만, 최종적으로 항상 이해를 넓히는 결과를 도출한 것은 아니었다.

내 작품을 읽는 독자들이 종종 나에게 가혹하고 부정적 페르소나를 투영한다는 것을 깨달았을 때, 나는 물러서서 내 작품이 대중적 관심을 받기 전처럼 고독 속에서 일하고 싶다는 마음이 들었다. 사람들이 나를 가혹하거나 비열하다고 말하는 것을 듣고 있기 힘들었다. 그리고 나는 학생들에게, 특히 여성 그리고 흑인 학생들에게 비판적 사상가나 지식인이 되는 것이 얼마나 대단한 것인지 보여주는 본보기가 되어주고 싶었다. 그러나 그들 대다수는 미움을 받고 싶어 하지 않기 때문에, 그런 선택을 하지 않을 것이라는 생각이 떠올랐다. 동시에 지적인 작업으로는 돈을 거의 벌 수 없다는 점도 그들을 좌절시킨다. 무엇보다도 학생들에게는 비판적 작업을 하는 것이 위험한 일로 보인다. 나는 의식을 넓히려고 하는 비평과 공격하거나 망치려고 하는 혹독한 비판 사이에는 유용한 차이가 있다는 것을 몇 번이나 설명해야 했다.

비평가가 다루는 주제와 결론이 우리가 이 세계에서 사는 방식에 대해 직접적으로 다루고 있을 때, 그 비평가를 부정적으로 볼 가능성이 훨씬 크다. 최근 생각과 행동을 바꾸는 문제에 대한 많은 연구는 이러한 변화가 보통 저항에 부딪히며, 변화가 발전을 가져온다고 해도, 대부분 사람은 현상 유지를 바란다는 것을 설명해 주었다. 가르침에 관해 쓴 이전의 책에서, 나는 학생들이 나와 내 수업을 싫어한다고 할 때 낙담한다고 고백했다. 요즘 청중들에게 패러다임을 바꿔야 한다는 지식을 나눌 때마다, 끝까지 설득하기보다는 그대로 흘러가도록 둘 수도 있다는 것을 이제는 받아들인다. 학생들은 사회에 진출해서 그들이 교실에서 배운 것들이 유용했다는 것을 알게 되었다. 그때까지 나는 그들이 얼마나 "나와 내 수업을 싫어하는지"에 대해 많은 피드백을 받았다. 그리고 이해하게 되었다. 비슷하게 우리 대다수는 책에 담긴 가르침을 받을 준비가 되어있지 않았을 때 책을 읽게 되면 소용없는 것으로 치부해 버린다. 그러고 나서 시간이 흘러 (우리가 버렸던) 그 책을 다시 집어 들고, 그 책이 우리를 치유하고 성장시키는 데 도움이 되는 데 필요한 통찰력을 제공한다는 것을 알게 된다.

내가 왜 반지적인 사회에서 지적인 삶을 선택하는지에 대해 스스로 물어보면, 새로운 아이디어와 지식이 변화에 영향을 주기 때문이라는 답이 떠오른다. 다시 설명하자면, 역기능적 기독교 전통을 가진 노동 계급의 가정에서 어떻게 나 같은 사람이 나왔는지 질문받았을 때, 나는 독서의 힘을 강조한다. 내가 자란 억압적이고 가부장적 가정에서 나에게 제공된 유일한 자유(체벌의 지속적 위협이 없지는 않았으나)는 읽을 권리였다. 책을 통해 나는 내가 직접적으로 아는 것 외에도 세상에는 다른 방식의 생각과 사는 방법이 있다는 것을 알았다. 나는 인간의 사고와 삶의 다양성에 대해 읽으면서, 내 가족의 선택에 대해 더 이해하고 싶었다. 이해에 대한 갈망은 내가 정신적 삶을 추구하도록 하는 엄청난 촉매제가 되었다.

내가 아이디어를 가지고 일하고 특정한 주제에 대해 알고 생각하는 새로운 방법을 발견할 때, 그 순수한 기쁨을 설명하려고 하지만 말로는 표현하기 어렵다. 소렌 키어케가드(Søren Kierkegaard)가 이러한 황홀한 감정을 표현하는 방식은 나에게 울림을 주었다.

> 만약 내가 무엇을 바란다면, 나는 부와 권력을 바라지 않고, 무엇이 될

> 수 있는 열정적 감각과 가능성을 보는 항상 젊고 열정적인 눈을 바랄 것이다. 기쁨은 실망하지만, 가능성은 결코 실망하지 않는다. 그리고 어떤 포도주가 가능성만큼 그렇게 빛나고, 향기롭고, 취하게 만들 것인가.

많은 지적 작업은 가능성을 포함하고 있다. 이것은 새로운 정보가 알려지면 끊임없이 변화할 수 있는 진리를 찾는 고고학적 과정과 같다.

진정한 지적 작업은 고독 속에서 행해진다. 몇 시간 동안 생각하고, 공부하고 성찰한다. 그러고 나서 글을 쓰는 데는 시간이 걸린다(또 다른 외로운 활동이다). 다행스럽게도 아이디어를 위한 이 엄격한 작업은 우리의 올바른 삶, 우리의 소명이다. 새로운 아이디어가 내 삶을 변화시키는 데 도움을 주었던 것처럼, 내가 학생과 독자로부터 나의 일이 그들의 삶을 더 좋게 변화시키는 데 도움을 준 방법에 대해 피드백을 받을 수 있어서 특별히 운이 좋았다. 이것은 매우 보람되고 고무적인 경험이었다. 사실 정신적 삶은 이리저리 배회하고 탐험할 수 있는 자유를 주는 인생 여정이다. 그리고 되돌아올 일은 일어나지 않는다.

가르치기 ㉔

아이들을 위한 책

교실 밖에서 실천되는 교육은 모든 사람의 민주적인 교육에 접근하는 기회를 보장하는 방법이 될 수 있다. 교사들은 교실 밖에서 가르치는 경험을 통해 교실 환경에서 적용할 수 있는 것과는 다른 의사소통 기술을 배울 수 있게 된다. 교실 밖에서 학습의 장을 만드는 방법은 다양하다. 아동도서 집필은 나에게 새로운 청중을 만날 기회를 주었다. 흑인 어머니들은 그들의 아이들을 위한 책을 써주길 원했다. 그들은 내 이론서가 그들 마음의 탈식민화에 도움이 되었다면서, 앞으로 인종차별과 성차별에 도전하게 될 어린이들을 위해서도 내가 책을 써 주기를 바랐다.

부모들이 매번 아이들을 위한 책을 집필해 달라고 이야기할 때마다, 나는 내가 너무 진지한 스타일이라 아이들이 즐길 수 있는 작품을 쓸 수 있을지 확신하기 어려웠다. 그러나 다른 글을 쓸 때와 마찬가지로 내가 추구해야 할 작품의 방향인지 아닌지 생각했고, 만약 우주의 신비한 힘이 어떤 방향으로 나를 이끌면 기꺼이 따라가겠다고 마음먹었다. 어느 날 밤 잠들기 전, 흑인 어린이들의 자존감 문제에 대해 생각했다. 우리 집 자매 다섯은 머리에 엄청나게 집착했었다. 우리 모두의 머릿결은 각자 달랐다. 어머니 로사 벨은 어린 흑인 소녀의 머리에

전열식 머리빗을 이용하는 것은 (우리가 어른이 되면 선택할 수 있는 립스틱이나 검은 드레스처럼) 옳지 않다고 생각했던 전통적 흑인 여성이었다. 그래서 어머니는 우리의 자연머리를 빗질해 주었다. 특별한 날이거나 특별한 일이 있을 때에만 우리 모두의 머리를 빗질하고 땋을 수 있었다. 어머니가 우리의 머리를 빗질해 주는 순간의 기쁨을 떠올리면서, 나는 한밤중에 깨어났고 아이들을 위한 내 첫 번째 책 『곱슬머리라서 행복해(Happy To Be Nappy)[1]』를 쓰기 시작했다.

아이들을 위한 책 쓰기를 진지하게 생각하기 전, 나는 내가 읽은 어린이 책과 그 책 중에 특별히 흑인 아이들을 위해 쓰인 책이 얼마나 과도하게 교육적인지 생각해 보았다. 그 책은 상상력이 부족하고 장난기가 없어 보였다. 나는 어린이들을 위해 새로운 패러다임, 즉 세상을 보고 생각하는 새로운 방법을 제공하면서도 즐겁게 읽을 수 있는 책을 쓰고 싶었다.

인종, 젠더 그리고 계급에 대한 이론서를 쓸 때 개인적 경험이 자극이 되었던 것처럼, 나의 어린 시절 엄마가 딸들에게 종종 사용했던 말들이 어린이를 위한 책을 쓸 때 도움이 되었다. 그녀는 우리를 "걸파이(girlpie)"라고 불렀다. 『곱슬머리라서 행복해』의 첫 번째 문장은 이렇게 시작된다. "걸파이의 머리는 깨끗하고, 달콤한 냄새가 나고, 솜처럼 부드럽고, 꽃잎처럼 부드럽게 부풀어 오른다" "와우!" 이것을 쓸 때 나는 "어떻게 이런 표현을 생각해 냈을까?"라는 생각을 했다. 오! 상상력의 힘. 그것은 내가 상자 밖에서 생각하는 방법을, 흑인 소녀들과 우리의 머리카락에 대해 즐겁게 말하고 생각하는 방법을 상상할 수 있는 힘을 주었다.

---

1) nappy는 둥글게 꼬불거리는 흑인 머리 스타일을 칭하는 말. Happy To Be Nappy(1999)는 벨 훅스가 글을 쓰고 크리스 라쉬차가 그림을 그린 어린이를 위한 동화책 제목이다. (역자 주)

제국주의적 백인우월주의 가부장제 내에서, 흑인 소녀들과 모든 흑인은 매일 우리의 몸에 대한 부정적 표현, 즉 우리를 인종적 자기혐오의 내면화로 사회화시키려는 우리 자신에게 공격당하고 있다. 부정적 고정관념에 맞서는 이미지를 거부하면서, 우리를 있는 그대로 그리고 우리가 원하는 대로 묘사하는 이미지를 창조하는 것은 쉬운 일이 아니다. 그러나 우리가 자신을 새롭게 하고 고정관념의 상자 밖을 나간다면 이는 멋지고 굉장한 일이다. 나는 『곱슬머리라서 행복해』라는 재미있고 우스운 책을 통해 그들의 기쁨을 나누며, 우리에 대한 생각과 말의 새로운 방식을 축하한 모든 크고 작은 사람들의 반응으로부터 이 사실을 알게 되었다.

어린이들을 위한 책을 쓰면서 나는 새로운 독자를 만날 수 있었고, 공개적으로 아이들과의 대화 시간을 가질 수 있었으며, 일반적인 대학 강의실 밖에서 가르칠 수 있는 공간을 가질 수 있었다. 아름다운 마음과 영혼을 가진 작은 흑인 소녀들이 나를 만나러 와서 책에 사인해 달라고 요청했을 때 내가 느낀 기쁨은 아직 생생하다. 그들은 깔깔웃으면서 소리쳤다. "당신은 우리의 머리가 꽃잎 같다고 했어요" 내가 표현한 이미지는 분명히 그들이 자신의 몸을 완전히 새롭게 생각하는 방법을 줄 수 있었다. 어린이들의 자유를 위한 책을 쓰려고 노력하면서, 많은 사람이 인종차별적 고정관념에 뿌리를 두고 있는 익숙한 방식으로 우리의 몸과 자기 자신을 바라보고 생각한다는 것을 알게 되었다. 말콤 X는 우리에게 새로운 사고와 관점을 가르쳐 주었다. 이 방법을 발견하기 위해 우리는 그가 "새로운 눈으로 서로를 바라본다"라고 말한 것처럼, "우리 자신의 마음을 바꿔야 한다"

『곱슬머리라 행복해』를 쓰고 있을 무렵, 흑인 여성 캐롤리비아 해론(Carolivia Herron)은 흑인 소녀의 머리카락에 대한 글을 쓰고 있었다. 그녀의 책 『곱슬머리(Nappy Hair)』[2]는 부정적인 장면으로 가득 차 있었다. 책 속의 사람들은 어린 주인공 브랜다(Brenda)를 조롱했고 그녀의 머리카락을 놀려대며 창피하게 만들었다. 흑인 부모들은 자녀에게 이 책을 읽어주던 백인 교사에게 항의했고, 전국적 관심을 받았다. 이 부모들은 현명했다. 그들은 이 책을 진보적 책이라 생각하지 않았다. 못생긴 데다 버릇이 없다고 묘사된 그 소녀는 놀림과 조롱을 받았지만, 책의 결말에서는 그녀의 머리 때문에 기뻐하게 되었다. 이것은 성인들의 판타지에 지나지 않는다. 수치심과 조롱을 받은 아이들은 자신과 사랑에 빠지거나 기뻐서 뛰지 않는다. 그러나 이 책은 베스트셀러가 되었고, 독자들의 마음과 상상력이 얼마나 잘 식민화되어 있는지를 상기시켜 주었다. 탈식민화를 목표로 하는 책을 쓰는 것은 대단한 재능을 요구한다. 특히 중심인물이 반가부장적이고 성차별적이지 않은 남성일 때, 어린이들을 위한 책을 쓰는 것은 어려운 일이다.

우리의 문화를 살펴보면 많은 면에서 아이들을 사랑하지 않는다는 것을 알 수 있다. 그리고 내가 남성성에 대한 책에서 상세하게 설명한 것처럼, 우리의 문화는 소년을 사랑하지 않는다. 나는 남자아이들을 기념하고 그들의 감정적 완전성을 포용하는 책을 쓰고 싶었다. 근본적으로 반가부장적인 이 책의 제목은 『윙윙거리는 소년이 되자(Be Boy Buzz)』다. 이 책은 오직 흑인 소년들만을 위한 책은 아니었지

---

2) 이 책은 미국 전역에서 3만 부 이상 팔렸고, 구매자들은 대부분 흑인이었다. 많은 교육자와 비평가들이 이 책에 대해 극찬했으며 콜롬비아 대학의 사범대학 추천서이자 학교 도서관의 선정 도서 목록에 오르기도 했다. 이 책이 논란이 된 것은 문화적, 정치적 그리고 역사적 맥락에서 인종 문제는 복잡하고 민감하기 때문이다. 가령 주인공의 삼촌이 브랜다의 곱슬머리가 하느님이 주신 것이라 칭찬하면서도, 머리를 빗을 때 나는 소리를 우스꽝스럽게 설명한 것, 브랜다가 백인 영어를 제대로 구사한다(talk right)라고 칭찬한 점 등이 그러하다. (출처: 론 스캡(Ron Scapp), 가르침의 가치: 교육, 정치 그리고 문화 비평(Teaching Values: Critical Perspectives on Education, Politics, and Culture), 2003에서 관련 내용 발췌, 역자 주)

만 등장인물을 흑인 소년으로 그렸다. 우리 문화에서 책은 모두를 위한 모두에 관한 것이지만, 사람들은 책에서 백인의 모습만 보게 된다. 그러나 책에 흑인이 그려져 있으면, 그 책은 흑인만을 위한 곳으로 비쳐질 가능성이 높다. 『윙윙거리는 소년이 되자』를 마케팅하는 내내 관객들에게 이에 대해 설명해야 했다. 흑인 소년들이 그려져 있지만(흑인 소년을 중심으로 그린 책은 거의 없어서 이는 중요한 개입이었다) 이 책은 소년에 관한 모든 소년을, 모든 독자를, 모든 연령대를 위한 책이다.

흑인 소년들을 그린 이 책에서 소년의 온전한 모습을 보여주는 게 중요했다. 다른 책에서 흑인 소년들은 자유롭지 않은 상태로 묘사되었기 때문에, 이 책에서는 흑인 소년들이 모든 소년을 대표하는 것은 중요했다. 책에는 소년이 조용히 얌전하게 자리에 앉아있는 내용이 있었지만 삽화 초본의 이 장면에는 그림이 그려져 있지 않았다. 백인이자 남성인 일러스트레이터 크리스 라쉬카(Chris Raschka)는 뛰어다니면서 놀고 있는 흑인 소년의 그림이 있기에 가만히 앉아서 생각하는 소년의 그림도 필요하다고 했을 때 주의를 기울여 들었다. 이 그림은 흑인 소년들에게 고독, 침묵, 반성과 사색의 시간이 필요하지 않다고 보는 인종차별적이고 성차별적인 생각에 맞서는 데 필요한 장면이었다. 우리는 책을 읽는 소년의 그림이 필요했다(앞 장에서 설명했던 것처럼, 흑인 남성은 우리 사회에서 가장 비문해율이 높은 그룹이다.) 크리스는 변화를 만들어 냈다.

독자들의 반응을 통해서 이 글과 그림이 얼마나 중요하고 변혁적인 영향을 주었는지 확인할 수 있었다. 부모님들은 흑인 소년이 책을 읽는 그림이 어떤 역할을 하는지에 대해 나에게 이야기했고 후기를 남기기도 했다. 소년들이 책을 읽는 것을 기념했고 또한 흑인 소년들이 책을 읽는 것을 기념했다. 책에 대해 아이들과 함께한 공개 대화 자리에서 나는 대학생이 아닌 청중들과 이야기할 기회를 얻었고, 소년들과 이야기할 수 있는 새로운 언어를 찾을 수 있게 되었다. 다양한 청중들과 함께한 이 책의 첫 공개 대화에서 열렬한 독자라는 한 백인 소년이 물었다. "윙윙(buzz)거리는 게 뭐죠?" 와우! 나는 내가 선택한 단어에 대해 빠르게 생각했다. 우리는 벌이 윙윙 소리를 만드는 움직임에 관해 이야기했다. 우리는 함께 윙윙거리는 소리를 냈다. 윙윙거리는 소리가 날 때 그 소리에 주목하게 된다고 설명했다. 그리고 이 책은 "날 꼭 안아줘. 날 실망시키지마"라고 외치는 윙윙거리는 소년들의 소년 시절에 주목하고 있다. 와우! 내 마음과 상상력으로 아이들을 자유롭게 하는 책을 쓰라고 요청받은 것은 정말 행운이었다.

가르치기 ㉕

영성

기독교 대학에서 가르치는 가장 큰 장점 중 하나는 영성의 문제에 대한 공개 토론이 가능하다는 것이다. 이 대학에서 가르치는 교수들이 모두 기독교인이 아니지만, 그들은 교실에서 신의 존재에 대해 고민하는 학생들에게 열려있다. 비록 종교적 학교에서 가르치지 않지만, 데니스 레더 교수는 신에 대한 대화를 교수가 가진 중요한 도구로 본다. 그는 다음과 같이 설명했다.

> 대부분의 학생들은 신에 관한 이야기에서 공명한다. 수업이 시작되면, 나는 학생들에게 그들을 신의 선물이라고 말한다. 그들의 일은 그 선물을 꺼내는 것이고, 교사로서 나의 일은 그들 자신의 재능인 선물을 펼치는 것을 돕는 것이라고 말한다.

나와 대화를 나눴던 신을 믿는 교수들은 교실에서 신에 대해 이야기 하지 않는 것이 최선이라고 생각하고 있었다. 신을 믿지 않는 많은 학생이 이러한 대화에서 소외되고 배제되었다고 생각할지도 모르기 때문이다. 어떤 수업이 특별히 종교에 초점을 두고 있지 않은 한, 학습공동체를 만들려고 할 때 특정한 종교와 종교적 교리로부터 교실이 자유로운 곳이 되도록 하는 것이 중요하다. 심지어 기독교 대학에서도 특정한 종교적 교리에 대한 무거운 토론은 토론을 잠재우거나 혹은 적대적이고, 논쟁적인 분위기를 만들 수 있다.

교실에서 신에 대해 생각할 여지가 있는지에 대해 스스로 생각해 보면 나는 일상에서 영성의 중요성에 초점을 맞춘다. 교실은 나에게 일상의 한 부분이기 때문에, 영성은 우리와 함께 교실로 들어온다. 종교와 영성은 같지 않다. 『새천년의 윤리(In Ethics for the New Millennium)』에서 달라이 라마(Dalai Lama)는 종교와 영성을 다음과 같이 구분했다.

> 내가 믿는 종교는 아마 천국이나 지옥에 대한 생각을 포함해서 형이상학적이거나 초자연적 현실의 어떤 형태를 받아들이는 차원에서 신앙 전통의 구원을 주장하는 믿음과 관련이 있다. 이것과 관련해서 종교적 가르침 혹은 교리, 의식, 기도 등이 있다. 영성적으로 나는 사랑과 연민, 인내, 관용, 용서, 만족, 책임감, 조화 등 개인과 타인에게 행복을 가져다주는 인간 정신의 특성에 관심을 둔다.

이러한 정의에 따르면, 영성은 교사와 학생이 서로 가까워질 수 있는 분위기를 조성하는 데 도움이 되는 자질이 될 수 있다.

나는 『가르침을 위한 공동체: 희망의 교육학』에서 "교실에서 영성의 문제"라는 장을 통해 많은 사람이 교육에서 영적인 것에 대한 두려움을 가지고 있다는 점에 대해 논의했다. 교육자 파커 팔머(Parker Palmer)는 "위대함의 은총: 앎, 가르침 그리고 학습을 위한 신성을 되찾기(The Grace of Great Things: Reclaiming the Sacred in Knowing, Teaching, and Learning)"라는 기사에서 교사들에게 "영혼의 필요를 존중할 수 있도록" 교육을 개혁하라고 촉구했다. 대학생 때 내 영혼을 존중할 방법을 너무나 찾고 싶었다. 교사가 되자 영혼의 필요를 중시하는 내면적 삶을 통해 갖게 되는 힘을 학생들에게 줄 방법을 찾고 있다. 파머는 교육은 정보를 모으거나 혹은 직업 자격을 얻는 것 이상의 것이어야 한다는 신념을 가지고 있다. "교육은 치유와 완전함에 대한 것이다. 그것은 권한 부여, 자유, 초월성, 그리고 삶의 활력을 회복하는 것에 관한 것이다. 그것은 세상에서 우리 자신과 우리의 위치를 찾고 요청하는 것에 대한 것이다" "앎, 가르침 그리고 학습의 마음에서 신성"을 공경하기 위해서 교사들은 사람이 다른 사람에게 영향을 미칠 수 있는 무수한 방법을 보여주면서, 학습을 내면의 자신과 연결하는 용기를 가져야 한다.

내면적 성장은 학습의 과정이다. 이때 개인은 고요한 마음을 가꾸면서 마음속 감정 인식을 명확하게 할 수 있다. 그것은 우리의 내면적 경험을 우선시하는 것이다. 교육자 스티븐 글레이저(Steven Glazer)는 『학습의 마음(The Heart of Learning)』에서 자아의 내면 감각과 신성의 감각을 연결시켰고, 이것이 모든 학습의 기초가 된다고 믿었다. 그는 다음과 같이 설명한다.

> 신성함은 특정한 종교적 틀 안에서 이해되지 않는다. 신성함을 이해하기 위해 우리 경험의 두 가지 기본 자질인 의식(awareness)과 완전함(wholeness)을 성장시켜야 한다. 성장한다. 의식은 자연스러운 자기 확인을 위한 자질로써 인식하고, 경험하고 아는 우리의 능력이다. 완전함은 세계의 내재적이며, 흠 없는 상호의존적 자질이다. 인식과 완전함의 경험을 통해 신성한 관점을 공고히 할 수 있다.

교실에서 비판적 사고를 통해 인식을 확대할 수 있다. 비판적 사고는 학생들이 서로의 삶이 연결되었다는 사실을 더 잘 이해하도록 해 주고, 그렇게 함으로써 신성과 직접 대면하게 한다. 그들은 스스로에게서 충만하고 의식적인 경계를 위한 의식적 과정이 가능하다는 것을 알게 된다.

달라이 라마를 통해 증명된 것처럼, 열정, 인내, 관용, 용서 그리고 책임감과 같은 인간의 정신적 자질은 학습 분위기를 형성하는 데

아주 중요한 보살핌의 표현 방법이다. 이러한 자질을 갖추었는지는 교실과 삶의 다른 분야에서 자기 결정의 토대가 된다. 스스로 결정하는 학생들은 그들의 학습에 대한 책임을 지고 교사를 촉진자로서 참여시킬 수 있다. 내면의 삶을 이해하면서, 그들은 자아실현이 이루어지는 과정에서 신성한 것에 대한 감각을 가지게 된다. 이러한 학생들은 충만한 마음을 가진 선생님처럼 교실에 영성을 가지고 온다.

교실에서 신을 공개적으로 이야기하는 교사나 학생들과 달리, 영성을 중요하게 생각하는 우리는 정작 영성의 문제에 대해 말할 필요를 거의 못 느낀다. 우리 대부분에게 영성은 우리가 세상에서 어떻게 살아가고 있으며 자신 그리고 타자와 어떻게 관계를 맺고 있는지에 관한 것이다. 우리가 교실에서 의식적으로 마음을 보살피면, 우리는 종종 황홀한 경험을 하게 된다. 모든 것이 잘 흘러가고 모두를 위한 학습이 이루어진다. 이러한 일은 학생들이 수업이 끝나기를 원치 않을 때, 그들의 토론이 복도와 기숙사 그리고 거리에서 이어질 때 일어나는 것을 나는 알고 있다. 이런 때에 나는 신성의 존재 앞에 있는 나 자신을 느낀다. 이 순간은 흔하지 않다. 이것은 "좋은" 수업을 듣는 것과 다르다. 공동체 정신의 감각을 만들어 내는 집단 학습이 일어나는 것이다. 그리고 이러한 수업이 어느 날 갑자기 일어나는 이유는 (교사와 학생이 얼마나 잘 준비되었는지와는 상관없이) 정말이지 완벽한 미스터리이다. 우리가 만약 영혼의 중요성을 인정하는 교육공동체를 창조하지 않는다면, 그런 순간은 결코 오지 않을 것이다.

영성은 교실에 있다. 영성은 진정한 학문 그리고 지적 성장에 필요한 개방으로 이끄는 마법과 같은 힘을 가지고 있다. 나는 나의 책 『가르침을 위한 공동체』에서 영성에 대한 장을 다음과 같이 마무리했다.

> 나에게 교실은 천국이 실현될 수 있는 곳으로 열정과 가능성의 장소이

다. 영혼을 중요하게 생각하는 교실은 우리가 배운 모든 것과 우리가 아는 모든 것이 더 큰 연결로 합쳐지고, 공동체의 삶에 관한 더 큰 이해로 이끄는 곳이다.

가르치기 ㉖

신체 접촉

교실에서 말이 시작되기 전에, 우리는 몸으로 모인다. 우리는 눈빛으로 서로를 읽는다. 교사들은 말을 시작하기도 전에 집단적 시선을 받는다. 학생들은 우리를 보고 있다. 그리고 그들은 몸을 통해 우리가 누구이며 이 세계에서 어떻게 살고 있는지에 대해 궁금해한다. 우리 역시 체화된 존재로서 그들을 본다. 교사로서 훈련을 받을 때 우리는 마치 육체가 분리된 것처럼 행동하라고 배운다. 그렇다 해도 우리 몸의 진실은 우리에게 말을 건다. 존재는 신체로부터 나온다. 만약 우리가 교실 안팎에서 우리의 몸에 귀를 기울인다면, 우리는 서로가 관계를 맺는 방법을 더 많이 학습할 것이다. 『일상의 에로스(The Eros of Everyday Life)』의 작가 수잔 그리핀(Susan Griffin)은 다음과 같이 말했다.

> 모든 만남마다 에로스가 있다. 만약 인간의 의식이 인간의 몸뿐 아니라 지구의 몸과 다시 결합한다면, 가장 일상적인 행동에서도 신성한 사랑의 에로스와 함께 자신과 우주 사이의 모든 종류의 만남을 스며들게 하는 존재의 의미 회복이 막 시작된 것처럼 보인다.

교실에서 에로스[1)]의 존재는 신성시된다.

우리는 교실에서 육체를 인정하기가 두렵다. 몸이 교실로 들어갈 때, 에로스와 성(sexuality)도 함께 들어간다. 그리고 아무도 교사와 학생들에게 에로스로 무엇을 해야 할지 알려주지 않았기 때문에 에로스를 오직 성적인 방향으로만 생각하는 것도 놀라운 일이 아니다. 교수와 학생이 성관계를 갖거나 성욕과 열망으로 가득 찬 학생이 연구실로 돌진하는 정도의 상상에 머무르는 것 말이다. 교실에서 에로스의 관능성이 성적인 방향으로 움직이면 그것은 혼란과 불화를 일으킨다. 교실 역동의 변화에 관해 학생들과 이야기를 나누었다. 교사와 학생 사이에 성적 관계가 있을 때나 규모가 작은 학급의 학생 둘이 성적 관계에 있을 때, 그들이 가는 곳마다 성적 에너지를 동반하고, 이러한 역동은 학습 과정을 방해하고 약화한다는 데 절대적으로 동의했다. 교사가 교실에서 특정 학생과 노골적인 성적 관계에 빠진다면, 그것은 모든 학생을 훔쳐보는 사람으로 만든다. 학생들은 그들이 목격한 것에 대해 침묵하기에 그들은 배척당하고 목소리는 부정된다. 교사와 학생의 관계이든, 학생 사이의 일이든 성적 유희를 과장되게 표현하

---

1) 에로스와 에로티시즘은 현대 페미니스트 담론의 주요한 주제이다. 페미니스트 페다고지 담론의 중요한 특징 중 하나는 몸과 에로티시즘에 대한 관심 증대라 할 수 있다. 생(生)과 몸의 에너지인 에로스의 개념을 페미니스트 페다고지에 처음으로 적용함으로써 활발한 후속 담론을 촉발한 사람이 바로 이 책의 저자 훅스였다. 훅스의 글 『에로스, 에로티시즘, 그리고 교육과정(Eros, Eroticism, and the Pedagogical Process)』은 교수와 학생 모두로부터 '열정(passion)'이 사라져 버린 대학 수업을 한탄하면서 "교수는 스스로 그들 안의 에로스를 재발견해야" 하며 "이것은 마음뿐 아니라 몸도 함께 느끼고 알게 하는 열정"을 말한다고 설명하고 있다. 훅스의 에로스와 에로티시즘은 단순한 성적(sexual) 의미를 넘어서는 것으로 "자아실현(self-realization)을 위한 인간의 총체적 노력을 추동하는 힘(motivating force)"이며 "무엇을 어떻게 알아야 할 것인가에 대한 인식론적 토대(epistemological base)를 이루는 것이다." 훅스는 생을 지향하는 모의 에너지인 에로스가 교육 현장에서 활발한 토론을 북돋우고 비평적 상상력을 촉진시킬 수 있다고 주장했다. (출처: 최성희(2008), 페미니스트 페다고지의 정치, 윤리, 미학, 영미문학페미니즘 16권 1호) 에로스, 에로틱, 에로티시즘을 단순히 성(性)이나 성애(性愛)로 번역되는 것은 의미를 왜곡시킬 수 있어 여기에서는 발음을 한글로 표기하는 방식을 채택했다. (역자 주)

는 일은 교실에서 발붙일 곳이 없다. 그렇다고 해서 에로스에서 발생한 성적 에너지가 교실 상황에서 사라질 수 있다는 것을 의미하지 않는다. 우리의 몸 어딘가에 에로스는 여전히 존재할 것이다.

에로스는 에로티시즘을 부채질한다. 나는 『가르침을 위한 공동체』의 12장 "좋은 성: 열정적 교육학(Good Sex: Passionate Pedagogy)"에서 다음과 같이 설명했다.

> 어떤 환경에서도 열정적인 교육학은 에로틱(erotic)한 에너지를 촉발할 수 있다. 그것은 통제될 수도 없고 금지될 수도 없다. 에로틱 에너지는 개인적 관계나 교실 환경에서 건설적 방법으로 사용될 수 있다. 에로틱이 착취의 영역으로 권력 남용에 대해 경계하는 것과 마찬가지로, 에로틱한 상호 작용이 가능한 공간과 긍정적인 변화를 인식하는 것 역시 중요하다.

교실에서 우리는 몸으로 존재하기에, 우리의 리비도(libido)[2] 역시 존재한다. 그러나 리비도가 성적으로 생성되어 감정적이고 정신적인 에너지로 표현될 수 있다는 것을 명심해야 한다. 에로스는 리비도에 의해 촉발된 열정적 삶의 본능이며, 이를 통해 우리 몸은 황홀감을 경험할 수 있게 된다. 교실에는 신체적 연결이나 성격에 의해 유발되는 에로틱한 감정이 존재하기에, 교사는 에로스로부터 에너지를 받아 학습의 경험을 강화할 수 있다. 교수가 모든 사람의 학습 열정에 불을 지필 수 있는 존재감을 가진 몇 명의 뛰어난 학생들에게 끌렸다고 상상해 보라. 이러한 힘은 모든 이에게 긍정적 영향을 줄 수 있는 열정적 교육을 만들 수 있다.

---

2) 정신분석학자 프로이드에 의해 처음 사용된 용어로 처음에는 성적 욕망이나 성적 흥미를 가리켰다. 그러나 프로이드가 리비도 이론을 공식적으로 설명하면서 다양한 정신적 표상이나 마음의 구조에 투자될 수 있는 일종의 정신적 "에너지"라고 설명했다. (역자 주)

교실에서 열정에 관해 이야기할 때 성적 신체를 가장 자주 떠올리지만, 관능적인 몸도 존재한다. 그리고 그 공간에서 성적 의도가 없는 만지기도 의사소통의 방법이 될 수 있고 긍정적 관계를 만드는 데 도움이 될 수 있다. 신체 접촉은 우리의 몸이 교감하는 방법이다. 안아주기, 포옹, 악수, 어깨 두드려 주기 또는 팔 위에 부드럽게 손을 올리기와 같은 신체 접촉을 할 수 있다. 교실에서 신체 접촉은 말을 뛰어넘는 안락함의 공간을 만든다. 특히 듣기 힘들거나 고통스러운 말을 했을 때, 만지기는 완화 효과를 줄 수 있다. 파울라 쿠이(Paula Cooey)는 문집 『체화된 사랑: 여성주의적 가치로서 감각과 관계(Embodied Love: Sensuality and Relationship As Feminist Values)』의 "여성의 신체, 언어 그리고 가치(Woman's Body, Language, and Value)"[3]에서 "신체 접촉의 감각을 키우는 것은 의사소통을 위한 자연스러운 활동이다"라고 했다. 또한 "신체 접촉은 개인과 사회에 자유와 변화의 가능성을 제공한다"고 설명했다. 교사가 학생들보다 높은 위치에 있는 계급제도가 항상 존재하는 교실에서 신체 접촉은 화해의 기회가 될 수 있다.

대부분의 여성 교수들은 학생들이 신체 접촉을 보통은 포옹을 요구한다고 했다. 어려움을 겪는 학생을 격려할 때 위로의 말을 건넬 수도 있지만, 그들이 안아주기를 원하고 있다는 것을 알았다. 쿠이는 "왜 신체접촉인가"라는 글에서 "만지기... 언어로 표현할 수 있는 바를 초과하거나 초월하는 방법으로 의사소통 할 수 있다. 말로 표현하는 데 실패했을 때, 신체 접촉으로 극적 감정을 표현할 수 있다"라고 만지기의 이유를 설명했다. 수업이 끝난 후, 학생들이 교실이나 다른 곳으로 향하는 내 주변에 모여들면 이때 신체 접촉이 발생한다. 과제를

---

3) 매캘레스터 대학의 종교학 교수로 재직했다. 기독교와 문화, 종교 이론 그리고 종교적 전통과 세속주의의 맥락 갈등에 대한 연구를 수행했다. (역자 주)

잘 해낼 수 있다는 확신의 말을 듣고 싶어 하는 학생과 팔짱을 끼고 걸을 수도 있다. 신체 접촉은 그들을 지탱하고, 과제를 해낼 그들의 능력에 대한 자신감을 전해 준다.

아프리카계 미국인 문학을 강의하는 백인 여성 교수 한 명은 흑인 학생들과 함께할 때 몸에 대해 아주 잘 의식하고 있다고 했다. 학생들이 그녀에게 다가갔을 때, 그녀는 그들이 단지 흑인 문화를 이용하는 백인 여성이 아니라 거리낌 없이 신체 접촉하는 의지를 갖추고 있는지 확인하고 싶어 한다는 것을 알아챘다. 학생들은 그녀가 반인종차별적 감수성을 가지고 그들과 함께하기를 바랐다. 그녀가 이 경험을 나와 공유했을 때, 신체 접촉을 허용하지 않음으로써 권력을 재확인했던 인종차별적 분리정책의 지난날에 대해 다시 생각했다. 이 동료와 나는 서로 만진다. 학문적으로 어려움에 부딪힌 순간에 우리는 우리를 위로하고 서로를 안심시키는 포옹을 나눈다. 이겨낼 수 있다거나 우리는 혼자가 아니라는 말보다 안아주는 것이 훨씬 강력할 수 있다. 쿠이는 신체 접촉을 치유의 의식으로 보았다. "신체와 가치 사이의 부정적 관계가 긍정적 관계로 변화하기 위해서는 정중한 인정이 필요하다. 이는 새로운 정체성의 탄생이다. 의식 절차로서 이러한 인식이 만들어질 수 있다. 지배자 문화에서 몸은 서로 상처를 내고 인간성을 빼앗도록 서로 다른 자리에 서게 만든다. 신체 접촉은 저항의 행위가 될 수 있다"

내가 학생들과 신체 접촉하는 것을 본 남성 교수는 "안 돼요! 당신은 나를 곤란하게 만들려는 건가요?"라며 걱정했다. 최근 성희롱에 대한 문제가 강조되면서, 남성 교수들은 학생들과 어떤 식으로 신체 접촉이 있든 쉽게 오해받을 수 있다는 것을 깨닫게 했다. 모든 사람이 성희롱 문제에 대해 조심하고 있지만 남성들은 그들의 신체 접촉이 오해받을까 봐 더 걱정하곤 한다. 왜냐하면, 그들 대다수는 신체 접촉을 단순히 성적인 것으로만 보는 가부장제에서 사회화되었기 때문이다. 신체 접촉의 문제와 관련하여 남성 교수들에게 반성차별적 사고와 행동을 가르쳐야 한다. 신체 접촉이 있다 해도 어떤 때에는 성적 문제가 될 수 있고 어느 때 그렇지 않은지에 대한 학습이 이 수업의 첫 내용이 될 것이다. 학생들은 종종 남성 교수들에게 포옹해도 되는지 물어보는데, 그때 학생들은 교사들에게 성적 관계를 요구하는 것이 아님이 분명하다. 그들은 아마 치유를 위한 포옹을 요구하고 있을 것이다.

나는 다른 교수들에 비교해 학생들과 더 많은 신체 접촉을 한다. 그렇다고 해서 내가 바라는 만큼 포옹이 편안하지는 않다. 내가 언제 불편함을 느낄까 생각해 보았다. 내가 좋아하지 않는 학생이 포옹을 원할 때, 경계를 이완시키는 그 순간이 나를 취약하게 만든다는 것을 인정한다. 짧든 길든 간에 포옹의 순간, 우리는 우리의 몸, 타인의 냄새, 호흡 등을 완전히 인식하게 된다. 이러한 앎의 방식은 다른 수준의 책임감을 요구한다. 신체 접촉은 우리를 더 가깝게 만들지만, 강압적일 수도 있고 그 결과로 멀어지게 할 수도 있다. 교사들은 신체 접촉으로 통합을 촉진하는 법을 알아야 한다. 초등학교 교사들이 교실에서 학생들을 만지는 것은 낯설지 않다. 신체 접촉의 가치는 우리를 강하게 한다는 것이다. 가르치는 일에 대한 모든 노력에서 신체 접촉이 어떠한 역할을 하는지 연구하는 것은 매우 중요하다. 우리는 더 알아야 한다. 분명히 치유의 신체 접촉은 우리 모두의 주위를 둘러싼 폭력으로부터 우리를 보호하는 방패 역할을 한다. 교실에 신체 접촉의 자리를 만드는 것은 앎의 방법을 찾는 것이다. 우리는 말을 뛰어넘어 우리의 몸을 듣고 육체적 존재로서 우리 자신을 앎으로써 새로운 앎의 방법을 찾을 수 있다.

가르치기 ㉗

다시 사랑하기

교실에서의 사랑은 학습이 모두를 포용하고 임파워먼트할 수 있는 토대를 마련해 준다. 나는 지배를 종식시키기 위한 투쟁과 사랑의 관계가 전 세계의 사회적 정의를 위한 성공적 운동을 만들어 내는 요소가 될 수 있을 것이라 이해했다. 사랑의 윤리에 집중하는 것이야 말로 운동을 성공적으로 이끌기 위한 핵심적 요소임이 틀림없었다. 『사랑학 개론: 새로운 시각(All About Love: New Vision)』[1]에서 나는 사랑을 보살핌, 헌신, 지식, 책임, 존경, 그리고 신뢰의 조합으로 정의했다. 이 모든 요소는 상호 의존적으로 작동한다. 이러한 사랑의 기본 원칙은 교사와 학생 사이의 상호 작용을 만들어 낸다. 그리고 서로가 함께 지식을 추구하게 되면 최적의 학습 조건이 창조된다.

그렇게 되면, 교수들은 가르치면서 배우고, 학생들은 학습하고 지식을 공유한다. 파커 팔머는 『가르침과 배움의 영성: 영적 여정으로서 교육(To Know as We Are Known: Education as a Spiritual Journey)』에서 "지식의 기원은 사랑이다"라고 주장한다.

---

1) 벨 훅스가 2001년에 쓴 책으로 국내에는 사랑학 개론으로 번역되어 출판되었다. (역자 주)

> 삶에서 발원하는 지식의 목표는 부서진 자아와 세계의 연합과 재구축이다. 연민에서 나온 지식이 추구하는 바는 착취와 조작이 아니라 세계와 자신의 화해다. 연민을 동기로 가진 지성은 마음이 사랑에 도달할 때 알게 된다. 따라서 앎의 행위는 곧 사랑의 행위이며, 타자의 실재(reality) 속으로 들어가 그것을 포용하는 행위이며, 타자가 우리의 실재 속으로 들어와 그것을 포용하도록 허락하는 행위이다. 이러한 앎에서 우리는 하나 된 공동체의 일원으로서 우리는 남을 알고 나를 알리며, 우리의 앎은 공동체의 유대를 다시 엮어 주는 방법이 된다.

근본적으로 지식을 열정적으로 추구할 때 교실에는 사랑의 자리가 마련된다. 우리가 가르치고 배우는 데 사랑은 아무런 관련이 없다고 믿는 비평가들이 있다. 사랑에 대해 냉소적인 사람들은 사랑으로 인해 방해받고 객관성이 결여될 수 있기 때문에, 사랑이 교실에서 방해가 되는 건 아닌지 의문을 제기한다. 우리는 사랑을 믿기에 이러한 생각에 반대한다.

교실의 사랑으로 인해 교사들이 객관적 태도를 유지하는 데 방해가 된다는 생각과는 반대로, 우리가 사랑으로 가르칠 때 각각의 학생이 가지고 있는 고유한 관심사에 더 잘 대응할 수 있고, 동시에 그 관심사를 교실공동체와 함께 나눌 수 있다. 학생들이 감정적으로 잘 살아가는 삶을 위해 노력하는 교사들은 사랑의 일을 하는 것이다. 동료들은 "심리치료사"의 역할을 하고 싶지 않다고 했다. 그들은 교실에서 정서적 감정에 응답하고 싶어 하지 않는다. 교실이 정서적 감정을 나누는 장소가 되는 것을 받아들여야 한다. 그렇지 않고서는 정서적 에너지가 학습이 일어나는 조건에 미치는 지대한 영향을 변화시킬 수 없기 때문이다.

교사들은 심리치료사가 아니다. 하지만 의식 있는 가르침, 즉 사랑으로 가르치게 되면 우리가 학생들의 정서적 분위기를 읽고 그것에 참여하지 않고는 의미 있는 경험을 할 수 없을 것이라는 통찰에 이르게 된다. 어떤 경우에는 학생의 학습 능력을 가로막는 심리적 갈등을 정서적으로 인식해야 할 때도 있다. 그럴 때는 학생이 치료받을 수 있도록 안내하는 것이 적절할 수도 있다. 치료를 받았거나 치료 중인 학생이 많은 교실이 있다. 이런 경우 그들의 감정적 지능이 무시되거나 평가절하되는 상황으로 인해 그들은 더 강하게 학습에 저항하게 된다.

교수들은 감정에 사로잡힐까 봐 학생들과 사랑에 빠지는 것을 두려워한다. 그들은 학생들이 겪고 있는 문제에 너무 깊이 얽히게 될까 봐 걱정한다. 적절한 수준의 경계를 긋지 못하는 사람들은 이러한 두려움에 예민하다. 교사와 학생, 우리 대부분은 사랑을 잘못 이해하며 자랐다. 우리는 사랑이 우리를 미치게 하고, 눈멀게 하고, 어리석게 만들어서 적당한 경계를 그을 수 없게 만든다고 배웠다. 그러나 실제적으로는 우리가 사랑으로 가르칠 때 학생들의 능력과 한계를 이해할 가능성이 훨씬 더 커진다. 이러한 지식이 있다면 교실에서는 적절한 경계의 기준을 세울 수 있다. 또한, 실수해도 괜찮다는 안심할 수 있는 분위기를 조성하게 되며 결과적으로 학생들은 교사에게 의존하지 않고도 그들의 학습 능력을 알아내고 그들 스스로 책임지는 법을 배우게 된다.

돌봄, 헌신, 지식, 책임, 존경 그리고 신뢰와 결합한 사랑으로 가르칠 때, 우리는 교실로 들어가 문제의 핵심으로 곧장 들어갈 수 있다. 이것은 언제라도 최적의 학습을 위한 최고의 분위기를 만들어 내기 위해 무엇을 해야 할지 알 수 있다는 것을 의미한다. 구체적인 수업 계획에서 벗어나는 것이 두려워서 매일 같은 방식으로 가르치는 교사들은 학습 과정에 완전하게 참여할 기회를 놓치고 있다. 그들의 교실에서는 학생들이 권위에 복종하여 질서정연하게 움직이고 있을 것이다. 그들은 계획했던 모든 정보를 제시했기 때문에 만족했을 것이다. 그러나 그들은 우리가 학생들에게 제공할 수 있는 가장 강력한 경험, 즉 완전하고 열정적으로 학습에 참여할 기회를 놓치고 있다.

교사들은 다툼이 일어나는 것을 두려워해서, 교실에서의 감정을 모른 척하고 싶어 한다. 모든 사람은 대학 캠퍼스가 검열이 없는 곳이고, 자유 발언이 쏟아져 나오고, 학생들이 토론과 변증법적 의사소통에 참여하도록 지지받는 곳이라고 상상한다. 그러나 실제로는 정반대의 상황이 대학 강의실에서 실제 일어나는 정확한 모습이다. 학생들은 교사와 다른 학생들에게서 멀어질까 두려워서 말하기를 주저한다. 대화가 다툼으로 이어질지도 모른다고 걱정한다면, 대개는 반대 의견을 내는 것을 두려워한다. 우리는 아무런 갈등 없이 누군가와 로맨틱한 관계를 맺을 수 있을 것으로 생각하지 않을 것이다. 그러나 학생들과 교사, 특히 다양성이 있는 교실에 다툼이 일어나면 비판적 의사소통을 지속하기가 어렵다고 판단할 경향이 있다. 그리고 이 공동체에서는 다른 생각과 의견의 차이가 존재할 수 없다는 조짐으로 여길 것이다.

우리 중 상당수는 가족 안에서 서로 다른 의견들을 표현하고 갈등을 건설적으로 해결하는 비판적 의사소통을 경험하지 못했다. 대신, 우리의 해결되지 않은 두려움과 걱정을 가지고 교실로 온다. 사랑스러운 교실은 학생들이 교사의 존재와 실천을 통해 누구의 정신도 약하게 만들지 않으면서 비판적 의사소통을 할 수 있고 갈등을 건설적으로 해결할 수 있음을 배우는 곳이다. 교사들은 지도력으로 교실에 사랑의 분위기를 조성할 수 있는 최적의 위치에 있다. 반면 학생들은 학습을 향한 그들의 사랑으로 정서적으로 연결되지 않은 교사들에게 불을 붙일 힘을 가지고 있다. 사랑이 교실에서 어떤 방향으로 발현되는지와 상관없이 사랑은 변화시킨다.

의미 있는 모든 사랑의 관계는 협력적 관계에 있는 사람들에게 힘을 실어준다. 교사와 학생들 사이의 사랑은 서로를 인정하게 한다. 그렇게 되면 학문적 노력의 교차지점에서 정신적 완전함을 이루기 위해 노력했던 일들이 완성될 것이다. 우리나라의 모든 교사가 교실 안팎에서 사랑을 배운다면, 교육은 더 나은 방향으로 바뀔 것이다. 내가 가르치는 모든 경험이 보편적 사랑의 마음으로 이루어지는 동안 학생과 나 사이 사랑의 관계는 지속적으로 커져 갔다. 내가 사랑하는 학생들은 내 인생에서 절대 멀어지지 않을 것 같다. 그들은 성장했고 교사가 되었거나 다른 직업에 종사하고 있다. 여전히 그들은 나에게 연락하면서 가르쳐주고, 인도해 주고, 지도해 달라고 요구한다. 사랑으로 만들어진 우리의 교육적 관계는 우리가 교실에서 보낸 시간을 넘어서는 사랑의 힘을 확인시켜 준다. 지금은 법학 교수가 된 제자에게 혹시 그녀에 대한 나의 사랑 때문에 편애하는 분위기를 만들었는지 물었다. 그녀는 웃으면서 말했다. "농담이시죠? 선생님이 우리를 더 사랑하면 할수록 우리는 더 열심히 공부해야 했어요" 정의 없이는 사랑도 없다.

교실에서의 사랑은 교사와 학생이 우리의 정신과 마음을 열 수 있도록 해 준다. 모든 학습공동체는 사랑을 기반으로 만들어진다. 교사들은 교실에서 사랑의 실천이 학생들 사이에서 편애로 오해받거나 경쟁으로 이어질까 걱정할 필요가 없다. 사랑은 언제나 모든 형태의 지배로부터 우리를 멀어지게 할 것이다. 사랑은 언제나 우리를 도전하게 하고 변화시킬 것이다.

가르치기 ㉘

페미니스트적 변화

'사랑은 연결한다. 사랑은 치유한다. 사랑이 지배하도록 하자. 사랑하자' 밸런타인데이 카드에 쓰인 멋진 문구이다. 나는 천진난만했던 어린 시절에 보았던 하트 모양 사탕에 이러한 문구가 새겨져 있던 것이 생각난다. 그 당시를 떠올려 보았을 때 가장 기억에 남는 것은 분홍색 사탕에 빨간 글씨로 새겨진 "내 것이 되어줘(be mine)"라는 말이다. 위에서 나열한 사랑의 말을 내가 쓴 사랑의 3부작에 포함된 장 제목으로 사용했다. 세 권의 책은 『사랑학 개론: 새로운 시각; 구원』, 『흑인과 사랑(Salvation: Black People and Love)』,[1] 그리고 『교감: 사랑을 찾는 여성(Communion: The Female Search For Love)』[2]이다. 세 책 모두 멋진 밸런타인데이 선물이 될 수 있지만, 책의 내용은 로맨틱한 사랑과 파트너십에 집착하는 우리 문화에 대해 문제를 제기하고 있다. 대부분의 사람은 로맨틱한 유대감에 앞서 우정을 통해 처음으로 사랑의 기술과 실천을 학습한다고 말한다. 하지만 내가 사랑에 대해 글을 쓴다고 하자, 사람들은 책이 로맨틱한 관계에 대한 것이라 생각한다. 심지어 내가 남성과 여성에 대해 이야기하면 훨씬 더 그렇다. 나는 아버

---

1) 벨 훅스의 2001년 작.

2) 벨 훅스의 2003년 작.

지와 딸, 자매와 형제 등의 관계에서도 사랑은 중요하다고 반복해서 말해야만 했다.

사람들은 선택이라고 하는 중대한 요소를 포함하고 있는 로맨틱한 사랑에 더 많은 관심을 갖는다. 그러나 정작 사랑에 대한 사고의 근간 그리고 꿈과 희망은 보통 어린 시절 부모와 형제, 친척 그리고 친구들과의 관계 속에서 시작된다. 그리고 로맨틱한 사랑의 소울메이트를 찾는 데 실패하면 우리는 왜 실패했고, 왜 우리가 사랑할 누군가를 찾지 못했으며, 왜 영원한 사랑을 찾지 못했는지 알기 위해 과거를 탐색한다. 우리 문화가 사랑에 과도하게 집착한다는 것을 알면서도, 대부분의 사람은 사랑을 갈구하고 사랑받고 싶어 하면 약해진다고 생각한다. 그리고 여자든 남자든지 간에, 사랑을 원하거나 원하지 않는다고 공개적으로 말하면 존경받기보다는 불쌍하게 여기고는 한다.

현대 페미니즘 운동이 여성이 사랑을 찾는 것을 조롱하고 힘을 갖는 것이 사랑보다 더 중요하다고 한 것도 놀랄 일이 아니다. 남성과 평등하기 위해 사랑을 잊어버리고 우리의 정신과 마음을 자유롭게 해야 할 필요가 있다고 가정한 것이다. 사랑을 공격한 모든 페미니스트의 행동은 여성들에게 외면받았다. 여성들은 아무리 큰 힘을 가졌더라도 사랑 없이는 만족하지 못했고, 그래서 사랑을 충족시키기 위해 힘을 키우려 했다. 많은 여성은 30세 이후, 즉 우리 삶에서 사랑의 건전한 의미에 대해 생각하기 시작했을 때 사랑의 중요성을 깨닫게 되었다. 이때 사랑을 오래된 가부장적 개념에서의 사람이 아닌 개인의 자아실현을 위한 것으로 이해하게 되었다. 『교감』에서 강조한 것처럼 이제 우리는 "어떤 여성도 사랑하는 방법을 찾아내지 않고서는 자유를 찾을 수 없다"라는 것을 알고 있다.

아주 영리한 여학생 상당수는 자기 자신에 대해 의심하고 두려워한다. 이러한 상황에서 교실 안팎으로 페미니스트적 관점의 사랑에 대해 이야기하는 것은 정말 중요하다. 그들은 그들의 지적인 삶이 자칫 차가워 보이지는 않을지 걱정하고 있으며, 똑똑한 여성은 혼자 살게 된다는 오랜 두려움과 맞서고 있다. 페미니즘을 주장하는 교수들은 두려워하는 학생들에게 우리의 이론과 실천을 보여주어야 한다. 그리고 자신과 다른 사람을 사랑하는 우리의 능력이 우리에게 강인함과 힘을 가져다주고 있다는 사실을 드러낼 용기를 가져야 한다. 교실에서는 힘이 넘치지만 개인적으로는 종속된 삶을 사는 여성 교수들은 학생들에게 영감을 줄 수 없다.

사랑에 대한 여성적 탐구는 자기애로부터 출발해야 한다. 만약 자신을 사랑하지 않는다면 다른 사람을 사랑할 수 없다는 오래된 속담은 사실로 드러났다. 우리는 자신보다 다른 누군가를 사랑하는 데 강박감을 가지고 있다. 왜냐하면 자신을 사랑하는 일은 여성들에게 매우 어렵기 때문이다. 독립적이고 강력한 자기애를 가진 여성은 아직도 남아있는 가부장적인 현 상태를 위협할 것이다. 일상에서 평등이 보편화되었다 해도, 자신감을 가진 여성에 대한 사람들의 고정관념을 없애지 못했다. 강한 자기애를 가진 여성이 남성이든 여성이든 일생의 파트너를 찾는 일에 대해 우리를 의심하는 세상과 마주하는 것도 놀랄 일이 아니다. 정서적 삶에는 문제가 있지만 직장에서는 힘을 발휘할 수 있는 상황이라도 문제없다. 완벽한 능력을 갖춤과 동시에 자기애를 가지고 있을 때 친밀한 유대관계를 맺으려는 노력은 더 힘들어진다.

우리 문화는 힘 있는 노동자가 되기를 원하고, 많은 돈을 벌고, 이전에는 남성에게만 허락되었던 지점에 도달하는 엄청난 수의 젊은 여성을 양성했다. 이러한 방식으로 여성들은 동등한 존재가 되었으며 남성을 뛰어넘게 된 것이다. 하지만 여성들이 감정적 혼란을 겪으면서 전통적 방법으로 그들의 "여성성"을 재확인하는 것도 놀랄 일이 아니다. 자신을 영향력 있는 페미니스트로 생각하는 것을 좋아하지만, 그들이 가장 두려워하는 것은 자기애를 위한 일을 하는 것이다. 자기애를 충분히 갖춘 여성은 파트너로부터 사랑을 기대하지만, 바라는 배우자가 남성이라면 영혼의 짝을 찾는 것은 더 어려워진다. 이것이 내가 사랑을 찾는 것과 남자를 찾는 것은 다른 문제라는 이야기를『교감』에서 설명한 이유다. 가부장적 문화에서 사랑하는 남자를 찾는 것은 어렵다. 불가능하지 않지만 분명 쉽지 않다. 많은 남성은 영향력 있는 여성들과 상호 작용을 즐기는 수준까지 그들의 의식을 향상시켰지만 힘을 가진 파트너를 선택하는 것에는 여전히 두려움을 느낀다.

분명 여성들은 오랫동안 관계에 종속되어 왔고, 기쁨과 행복을 가져다주는 관계를 찾지 못했다. 어떤 여성이라도 자신을 사랑하고, 이 사랑을 완전한 자아실현의 토대로 사용하게 된다면 사랑을 알게 될 것이 확실하다. 사랑하는 사람, 사랑했던 사람, 파트너, 친구들 그리고 가족들로 채워진 사랑의 원 안에서 춤을 춘다면, 그녀는 분명 좋은 동반자를 찾을 수 있을 것이고 원하지 않는 한 결코 혼자가 되지 않을 것이다. 나는『교감』에서 이렇게 증언했다.

> 사랑을 하는 현명한 여자들은 가부장제의 힘이 얼마나 강하던지 간에, 여성들이 우리를 임파워먼트하는 방식으로 삶을 변화시키고, 사랑을 선택하게 하고, 사랑을 통해 학습하는 방식으로의 책임을 져야 한다는 것을 알고 있다. 이를 통해 우리의 완전한 자아실현을 가로막는 장애를 극복할 수 있다.

삶이 우리에게 요구하는 가장 영웅적이고 신성한 탐험은 사랑이다. 그리고 그 여행이 완전한 자기애적인 탐험으로 시작되도록 하자. 여성들이 우리의 인간성, 우리의 평등, 우리의 재능, 그리고 이러한 투쟁의 혜택이 일상화되기를 요청하면서 여기까지 왔고, 이제 현명하게 사랑으로 돌아갈 것을 요구하는 것은 당연한 일이다.

가르치기 ㉙

인종과 젠더를 지나쳐 가기

페미니즘에 대한 극도의 반발(backlash)이 발생하고, 파시즘이 급증하며, 전쟁을 지지하는 시대에 여성학 분야에서 지속적인 페미니즘 운동의 강화를 기념하는 것은 매우 중요하다. 페미니즘 운동의 존재, 생존, 지속적 성장과 개발은 진보적 여성과 남성 사이의 연대의 힘을 증가하게 한다. 특히 개별 흑인 여성들의 연대는 선견지명을 가지고 페미니즘 교육의 확고한 토대가 되었으며 성차별적 편견에 뿌리를 둔 보수적 역사에 맞서 크게 기여했다.

앨리스 워커(Alice Walker)[1]는 그녀의 책 『우리는 우리가 기다려 온 사람들이다(We Are The Ones We Have Been Waiting For)』에서 이렇게 말했다.

> 이 지구가 도둑맞은 것처럼 느껴지는 지금은 최악의 시간이다. 땅과 공기가 오염되고, 물이 오염되고, 동물들이 사라지고, 인류는 타락하고 잘못된 판단을 내리고 있다. 전쟁이 도처에 있다. 우리는 이제 원인과 결과가 아주 명확한 시기에 들어섰고, 지금이 최적의 시기다. 지난 몇천 년 동안 원인에 대한 어떤 단서도 없이 인류가 얼마나 많은 고통을 받

1) 엘리스 워커(1944－). 아프리카계 미국인. 미국의 소설가. 흑인 민권 운동가로 활동하고 있는 대표적인 페미니스트 운동가이다.

았는지를 생각해 보면, 지금은 축복이다. 우리는 이제 지구에 있는 모든 틈을 볼 수 있고, 우리의 정신과 마음에 이전까지는 알지 못했던 틈을 자유롭게 여행할 수 있다. 그렇기에 살아남기 위해 우리가 알아야 할 모든 것들을 예상할 수 있고 가장 기본적인 방법으로 이해해야 할 모든 것들이 이제 밝혀질 것이다. 우리는 전 지구적 계몽의 시대에 살고 있다. 이것만으로도 우리는 기뻐서 환호할 것이다.

페미니스트 교육자로서 우리는 기뻐서 환호할 수 있다. 그러나 우리는 자유의 투쟁을 계속해야 한다. 그리고 새롭고 자유로운 앎, 생각, 존재의 방법을 구축하기 위한 우리의 지성과 상상력을 계속해서 사용하고, 변화를 위해 일하는 공동의 의지를 일깨워야 한다. 우리의 비판의식을 되살려 우리나라의 모든 여성학과 페미니즘 연구 프로그램과 여성 연구센터의 전투적 급진주의의 씨앗을 다시 불러일으켜야 한다. 그러기 위해, 우리는 지금의 성과를 기념하는 시간과 우리의 의식을 다시 확대하는 시간의 페미니스트적 만남을 시도해야 한다. 오드리 로드(Audre Lorde)[2]는 인종, 계급, 국적, 종교, 성행위에서 드러나는 우리의 다양성과 차이에 대해 "우리의 말, 우리의 꿈, 우리의 삶의 방식에 도움이 되는 우리 내면의 어둡고 고대적이고 신성한 것을 기억하자"라고 요구했다.

우리가 고대 어둠의 신에 대해 이야기할 때, 모두가 아는 강한 흑인 여성의 민중적 이미지를 재현하고자 하는 의도를 가지고 있지 않다. 우리는 흑인 여성을 재-어머니화(re-mammification)하려고 하지 않는다. 혹은 다른 그룹의 여성에 비해 흑인 여성들이 선천적으로 지구와 잘 맞으며, 더 감정이 풍부하고, 더 잘 양육하고, 더 잘 보살피고, 더 윤리적이라고 함으로써 흑인 여성의 신체와 존재를 이색적으로 만들려고 하는 어떠한 인종차별적-성차별적 사고를 하고 있는 것

2) 오드리 로드(1934-1992). 아프리카계 미국인. 시인이자 페미니스트 운동가.

도 아니다. 가부장주의의 대안으로 페미니즘을 제시하는 것도 아니다. 가부장주의에는 성별이 없다.

우리가 어둠의 신에 대해 급진적으로 이야기하는 것은 우리가 모두 인종과 성별을 초월하고, 구분 짓기를 넘어서서 우리가 정진할 내면의 공간으로 들어가 우리 존재의 기반, 신비롭고 창조적이며 가능성 있는 장소를 마주하게 하려는 것이다. 그곳에서 우리는 저항할 수 있고 다시 볼 수 있는 마음을 구축할 수 있다. 그리고 우리가 따라갈 마음의 지도를 창조하여 우리를 자유롭게 할 것이다. 고대 어둠의 신을 포용하는 것은 정치와 영성을 참여시키는 일이다. 어둠의 신성과 함께함으로써 우리는 전 지구상의 흑인 여성들에게 감정 이입되어 동일화될 수 있다. 세계 흑인 여성의 운명은 우리 모두의 운명을 볼 수 있는 거울이라는 것을 분명히 알고 있어야 한다.

현대 페미니즘 운동 초기에 흑인 여성은 성차별과 인종차별의 이중 위험을 경험하면서 이로 인해 희생될 가능성이 있었다. 운동이 점차 진행되면서 이 상황에 계급이 더해졌고 삼중 위험에 대한 논의가 이어졌다. 실제로 흑인 여성들은 "이중" 혹은 "이중 위험" 같은 단어들로 충분히 설명하기 어려울 정도로 모든 측면에서 공격받고 있다. 우리는 착취와 억압에 직면했다. 너무나 많은 곳에서 우리를 비인간화시켰고, 우리의 지속적 생존을 위해 지금까지 지속되어 온 페미니스트 전략은 어디에서도 복합적이고 명확하게 정의되어 있지 않다.

전 지구 그리고 우리나라의 흑인 여성들에게 지금은 위험한 시기다. 최적의 삶을 살고 가장 근본적으로는 생존하기 위해서, 우리에게는 의식을 고양시키고 새로운 사고와 존재의 방법을 제공하는 페미니즘 이론과 실천이 필요하다. 제국주의적-백인우월주의-자본주의-가부장제가 존재하는 구조에서 개인과 집단 모두 진정으로 안전하게 지낼 곳이 없다. 그래서 우리의 활동 전략은 급진적이고 혁명적이어야 한다. 여성 센터의 개소 때부터 참여했던 사람들과 함께 축하하기 위해 모였을 때, 우리는 기쁨의 환호를 나누는 순간에도 어떠한 방식으로 애도와 추모의 시간을 가져야 할지에 대해 생각했다.

안전하지 못한 세상에서 너무나 큰 영향력을 가진 흑인 여성 발언자, 작가, 사상가, 운동가, 예술가 그리고 선견지명이 있는 페미니스트들의 이른 죽음을 목격했다. 우리 중 일부에 지나지 않았지만 대학은 처음으로 우리가 함께 모여 서로 얼굴을 맞대고, 목소리를 내고, 우리의 최초 연대에 대해 이야기하는 장소였다. 그것은 달콤하고 영혼을 풍부하게 하며 말 그대로 황홀한 몰입의 순간이었다. 침묵은 파괴되었고, 비식민화된 연설 소리가 퍼져나갔다. 오드리 로드는 애드리언 리치(Adrienne Rich)[3]와의 대화에서 이렇게 말했다. “이해하는 것은 우리가 지식을 사용할 수 있도록 하는 것이다. 그것은 긴급한 일이며, 추진력을 갖추어 밀어붙일 수 있게 한다” 그 힘든 시기에 우리는 어떻게 해야 할지 배우고 있었다. 그때 당시 우리에게는 여성 센터와 여성학이 필요했고, 지금도 필요하다. 그곳에서 대화하고 토론할 때 주요한 페미니즘 이론/흑인 페미니즘 이론이 만들어졌다.

페미니스트 운동 초기 시절, 좌파 사회적 평론가이자 작가, 흑인 여성주의 리더였고 자신이 흑인임을 사랑했던 토니 케이드 밤바라(Toni Cade Bambara)는 우리와 함께했다. 문집『흑인여성(Balck Woman)』에서 그녀는 우리에게 다음과 같이 요구했다.

> 모든 제3세계 국가에서 여성의 역할에 대한 비교 연구를 해야 한다. 공립학교를 조사하고, 실행 가능한 대안적 청사진을 설계하는 것. 우리 자

---

3) 현대 미국 시인인 애드리언 리치(1929－2012)는 글쓰기를 통해 실천한 여성주의 이론가이다. 급진적 페미니즘 운동에 적극적으로 참여했으며 목소리를 내는 행위 자체가 활동의 실천이라 보았다. (역자 주)

> 신을 탐구하고, 가모장제와 사악한 흑인 마녀에 대한 기록을 바로 세우는 것. 역사를 파헤치고 모든(흑인 여성) 전사들에게 경의를 표하는 것. 소비자 교육 및 협동 경제 분야에서 수행되고 계속되어야 할 일의 개요를 서술하는 것. 그리고 우리는 감각과 성의 전체 영역을 탐구할 필요가 있다.

그의 통찰 외에도 우리가 기억하고 사용해야 할 것이 많이 남아 있다.

현명한 밤바라는 우리에게 남성적인 것과 여성적인 것을 나누는 단순한 범주를 넘어설 필요가 있다고 말했다.

> 나는 항상 이러한 정의 안에서 정반대의 암시를 찾아낸다. 자기 자신을 위한 혁명은 자신의 모든 것이다. 역할에 대한 성적 차별의 일반적 개념은 정치적 의식화에 방해가 된다. 혁명가에게는 무엇보다 자기 관리 능력이 필요하다.

밤바라는 1970년대에 이러한 말을 썼다. 그러나 아직도 페미니즘 이론과 실천에 관계하고 있는 청중과 흑인 여성들은 여전히 나에게 묻는다. "당신은 흑인과 여성 중 무엇을 우선시합니까?" 그들에게 페미니스트 사상가들에 대해 무엇을 읽고 공부했냐고 물었을 때, 그들은 항상 "전혀 없다"고 대답한다. 아카이브가 중요한 이유와 우리의 지속적 연구가 필요한 이유가 여기에 있다. 이러한 이유로 탈식민화 과정에 참여한 사람들이 선견지명이 있는 흑인 사상가들의 작업에 가장 먼저 접근할 수 있도록 아카이브에 수집하는 것이 중요하다.

우리는 우리의 말이 얼마나 쉽고 빠르게 잊혀지는지, 우리의 역사가 묻히는지 알고 있다. 우리는 학생들이, 심지어 여성학을 공부하는 학생들조차 팻 파커(Pat Parker)[4], 로레인 한스베리(Lorraine Hansberry)[5], 바바라 크리스티안(Barbara Christian), 엔데샤 매 홀랜드(Endesha Mae

Holland)[6], 준 조단(June Jordan)[7], 옥타비아 버틀러(Octavia Butler)[8], 그리고 심지어 오드리 로드(Audre Lorde)의 작품에 대해 이야기할 때 그들을 전혀 알아보지 못하는 것을 알고 있다. 페미니스트 사상가 미쉘 월리스(Michelle Wallace)는 우리가 지속적으로 보지 못하는 천성과 본질을 이론화했다. 그것은 지워짐(erasure)에 대한 두려움이다. 『보이지 않는 우울(Invisibility Blues)』에서 그는 다음과 같이 이야기했다.

> 나는 흑인 여성 작가들이 겪는 어려움을 구조적이고 시스템적인 것으로 보기 시작했다. 흑인 여성들의 지식 창출에는 한계가 있다고 생각하기 때문에, 그들의 판단을 믿지 않는다. 결과적으로 흑인 여성들은 흑인 사회 내부와 외부의 권력, 기관, 그리고 저항의 특성에 대해 명확한 진술을 하는 것이 허락되지 않는다(타인뿐 아니라 그들 스스로도 그렇다). 그럼에도 그들이 집요하게 계속한다면, 그들은 정말로 좌절할 것이다.

월리스는 우리의 글을 모으고, 존중하고, 사용하는 것이 왜 중요한지를 상기시켜 준다. 우리 모두가 알고 있듯이, 몇 안 되는 흑인 여성 작가들의 작품은 폭넓게 읽히고, 교실에서 교재가 되고, 다양한 교과서에 인용되었으며(내 글도 여기에 포함되었다) 이러한 방식으로 지배적 지식에 대한 반란에 가까스로 참여하게 된 것이다. 그러나 이런 방식으로는 우리의 글이 안정적으로 채택되지 못하고, 지속적으로 눈에 띄지 못할 뿐만 아니라 지속적 인정을 보장받지 못한다.

---

4) 팻 파커(1944–1989). 아프리카계 미국인. 레즈비언 시인이자 페미니즘 운동가.

5) 로레인 한스베리(1930–1965). 아프리카계 미국인. 페미니즘 극작가.

6) 바바라 크리스티안(1043–2000). 아프리카계 미국인. 아프리카계 미국인 연구학 교수이자 작가.

7) 준 조단(1936–2002). 캐러비안 출신 미국인. 작가, 교사, 페미니즘 운동가.

8) 옥타비아 버틀러(1947–2006). 아프리카계 미국인. SF작가이자 페미니즘 운동가.

한편 유색인종 여성, 특히 많은 흑인 여성들이 제기한 인종과 인종 차별에 대한 비판이 페미니스트 운동이 페미니스트 이론의 본질을 근본적으로 바꾸게 했다는 것은 놀라운 일이다. 그러나 우리는 변화의 기반을 다져 놓은 흑인 여성 사상가에 대해서는 전혀 언급하지 않으면서, 이 작업에 참여한 백인 여성이 쓴 유명한 이론을 읽는다. 지워짐에 저항하기 위해서, 우리는 우리가 할 수 있는 모든 일을 해야 한다. 문서화하고, 공부하고, 기념하고, 그리고 가장 중요한 것은 우리 자신과 미래를 가로막는 다름의 벽과 침묵을 깨부수는 새로운 작업을 창조하는 것이다.

흑인 여성들의 작품이 더 주목을 받게 되자, 역설적이게도 많은 작품이 급진적 태도를 잃고 보수적이거나 개혁적 경향을 띠게 되었다. 우리는 페미니즘 없이 젠더를 이해하게 되었다. 우리는 강력한 독극물의 해독제처럼 여성주의(womanism)를 제공받는다. 그 위험한 물질은 페미니즘이다. 보이지 않음에 대한 윌리스의 글을 침묵 깨기에 관한 로드의 요청과 연결 짓는다면, 우리의 존재를 드러낼 수 있는 힘이 필요하다고 요청할 수 있다. 우리는 무엇이 우리를 억압하는지 이해하도록 돕는 이론과 우리말을 자유롭게 할 수 있는 능력을 개념화하는 이론을 가지고 있기 때문이다. 로드는 우리에게 두려움에 사로잡히지 말라고 요구한다. 『침묵의 전환(The Transformation of Silence)』에서 그녀는 다음과 같이 선언한다.

> 몸이 피곤할지라도 일하고 말하는 것을 학습했던 것과 같은 방법으로, 우리가 두려울 때도 일하고 말하는 것을 배울 수 있다. 우리는 필요 이상으로 언어와 정의 내리기에 대한 두려움을 존중하도록 사회화되었고, 우리가 두려움 없는 호사로움을 침묵 속에서 기다리는 동안, 침묵의 무게가 우리를 질식시킬 것이다. 깨져야 할 많은 침묵이 있다.

때때로 우리의 상황이 얼마나 심각한지에 대해 침묵하고 싶어 한다. 우리는 모든 계층의 흑인 여성들이 그들의 삶 전반에서 도움을 받는 일이 얼마나 어려워졌는지 말하고 싶어 하지 않는다. 우리는 흑인 사회 내에서, 그리고 흑인 사회 밖에서, 의식을 높이고, 비평하고, 도전하고, 성차별을 바꾸는 것이 얼마나 어려운지에 대해 침묵하기를 원한다(한때 진보적인 흑인 남성들과 의미 있는 연대를 맺었던 흑인 사회가 점차 약화되고 있을 때는 더욱 그렇다). 계급 위치와 상관없이 모든 흑인 여성들은 우리의 삶을 건설적으로 바꾸고 결과적으로 사회 변화의 혁명적 비전에 활기를 불어넣는 데 필요한 건강과 잘 사는 삶을 누릴 수 있도록 하는 것은 얼마나 힘든지 알고 있다.

토니 밤바라, 오드리 로드, 그리고 준 조단 모두가 전투적 태세를 취한 중요한 사상가들이였다. 침묵함으로써 안락함을 누릴 수 있을 때에도 그들은 발언했다. 그들은 모든 흑인 여성들이 함께하는 공간을 요구해야 한다고 주장했다. 조던은 "사랑은 어디에 있는가(Where is the Love)"라는 에세이에서 페미니스트 운동에 헌신할 것을 공개적으로 표명하며 다음과 같이 증언했다.

> 나는 페미니스트다. 그것은 내가 흑인이라는 사실과 거의 동일한 의미다. 그것은 마치 내 삶의 모든 것이 자기애와 자존감에 달려있는 것처럼 자신을 사랑하고 존중하기로 약속해야 한다는 것을 의미한다. 그것은 내 정체성에 침투한 증오와 경멸의 나 자신을 영원히 씻어버려야 한다는 것을 의미한다. 자기애와 자존감을 성취하려면, 지나칠 정도로 매 순간 경계하고, 지구상의 모든 사람의 경험을 확실히 바꿀 수 있는 투쟁으로 내 영혼이 들어가야 한다는 것을 의미한다. 사실 어떤 다른 운동도 그렇게 할 수 없다. 왜냐하면 자기애와 자존감, 그리고 자기 결정권으로의 움직임은 진실을 활성화시키는 운동이기 때문이다. 여기에 이론의 여지가 없을 인류가 도처에 있다.

사랑은 우리가 전쟁, 고난, 질병, 그리고 영혼의 상처 없이 죽음을 맞이할 수 있도록 해주는 필수적 토대이다. 그렇기에 자결의 투쟁에서 우리가 사랑을 말하는 것은 필수적이다. 사랑은 우리가 완전히 살아남을 수 있게 해 준다.

내가 사랑에 관한 좀 더 대중적인 책을 쓰기 시작했을 때, 독자들은 내가 이전에 그들에게 보여줬던 것처럼 더 이상 급진적이거나 전투적이지 않다는 말을 종종 했다. 흑인 여성의 지성을 제한하고, 없애려 하는 사람들에게 사랑은 무의미하다. 그들은 삶의 변화를 위한 이론과 실천을 추구하는 많은 사람에게 우리의 가르침이 닿지 못하도록 우리를 학교에 가두려고 한다. 따라서 그들은 사랑에 대해 말할 뿐만 아니라, 사랑의 실천에 참여하기 위해 누구나 할 수 있는 가장 전투적이고 급진적 개입이라는 것을 이해하지 못할 것이다. 자기 결정을 위한 사회 운동의 토대로서 사랑은 지배와 지배자의 사고가 파괴할 수 없는 세상을 만드는 유일한 방법이다.

우리, 전 세계 흑인 여성들은 오랜 시간 동안 파괴와 싸우며 혹독한 고통을 견뎌냈다. 그리고 여전히 지속되고 있다. 이것은 희생자의 역사이다. 선견지명이 있는 급진적인 흑인 여성들이 오늘날 우리의 삶과 일에서 만들고 있는 역사는 파괴하기 위해 시작된 것이 아니다. 이것은 사랑이 우리의 혁명적 출발점이라는 인식에서 시작되는 역사이다. 우리가 어떤 상황에 처해있든지 간에, 자신을 사랑하는 것은 이미 승리의 자리에 서 있다는 것이다.

가르치기 ㉚

성에 대한 대화

젊은 시절 내가 어디를 가든지 나의 성생활에 대해 물어보거나 소식을 전해 주는 사람을 만났다. 가십기사에서 보도할 만큼 많은 성생활을 하려 한다면, 나는 자리에 앉아서 뭐라도 쓰는 데 너무 많은 시간을 소비하고 있다고 농담하고는 했다. 내가 이성애자인지 동성애자인지 질문받았을 때, 나는 성 급진주의자라고 말할 것이다. 50살 가까이 되자, 나의 성생활에 대한 호기심은 거의 사라졌다. 내가 성생활을 하고 있는지, 누구와 하는지에 대해 여전히 궁금해 하는 사람들은 나와 같은 여성들이었다. 대부분 중년의 전문직의 페미니스트이자 서로를 "매력(hot)" 있다고 생각하는 여성들이었다. 우리는 소수자이다. 수년 동안 스스로 독신 생활을 선택한 후에도, 나는 나 자신을 여전히 성 급진주의자라고 본다. 『공개된 성: 급진적 성 문화(Public Sex: The Culture of Radical Sex)』의 서문에서 팻 칼리피아(Pat Califia)는 급진적 성은 "일탈하는 것일 뿐만 아니라 반항하는 것"을 의미한다고 설명했다.

> 일상생활에서 성이 이야기되는 방식(또는 숨겨져 있는 방식)에 만족하지 못하고 부정직한 무언가가 있다는 것을 의식하는 것을 의미한다. 또한 우리 사회가 도덕적 규범에 따라 특권을 할당하는 방법에 대해 의문을 제기하는 것을 의미한다. 사실 모든 선택을 도덕성의 문제로 만든다. 만

약 당신이 이러한 불평등이 단지 극심한 사회 변화를 통해서만 해결될 수 있다고 믿는다면, 당신은 성 급진주의자로 적합하다.

이 정의를 두고 생각하면, 오드리 로드는 충분한 자격을 갖추었다. 그는 성생활에 대해 침묵하는 것을 거부했다. 그리고 흑인 레즈비언의 성에 대해 심사숙고했으며, 에세이 『에로틱의 사용: 권력으로서 에로틱(Uses of the Erotic: the erotic as power)[1]』에서 권력과 에로틱에 대한 생각을 펼쳤다. 그는 이 에세이에서 성에 대해 많이 쓰지 않았다. 그러나 진보적 사상가들의 성에 대한 글에서 자주 인용된다. 처음 출간되었을 때와 마찬가지로 지금까지 이 글은 여성들이 성적 에너지에 대해 공개적으로 이야기할 수 있도록 하고, 그 에너지가 "침실로 격하되지" 않도록 했다. 로드에게 에로틱의 공간을 주장하는 것은 반성의 본질적 행동이었으며, 비인간화와 지배에 대항하는 방법이었다. 변화를 위한 개입으로 에로틱의 힘에 대해 자신한 그는 "에로틱과 관련해서 나는 무력함을 받아들이려 하지 않았다"고 주장했다. 『마조히즘에 반대하여: 급진적 페미니스트 분석(Against Masochism: A Radical Feminist Analysis)』에서 그는 성에 대해 더 분명히 말했다. "놀이에서조차 힘없는 자에게 권력을 행사하는 것은 에로틱이고 권한 부여이다. 정치적, 사회적 그리고 경제적으로 그러한 관계가 지속될 수 있도록 감정적이고 사회적 지위를 설정한다" 평등의 에로틱을 구축해야 한다는 로드의 주장은 나에게 중요한 통찰을 주었으며, 성에 대해 생각할 거리를 많이 제공했다.

성은 위험한 지대다. 성적 욕망과 성행위에는 평등하지 않은 것이 너무 많다. 나는 불평등이 지배로의 귀결을 의미하지 않는다는 것을 알면서도 평등을 에로틱하게 만들고 싶다. 마리 포튠(Marie Fortune)은

---

1) 오드리 로드의 1984년 작.

그녀의 설득력 있는 책 『사랑은 해를 끼치지 않는다: 우리를 위한 성의 윤리(Love Does No Harm: Sexual Ethics for the Rest of Us)』에서 "평등 그 자체가 에로틱한 경험이었다면 어떻게 될까?"라고 묻는다.

관계 맺음에 관심이 있다면 동등하게 힘을 갖고, 유능하고, 자존감이 있고 명확한 사람과 관계를 맺는 것은 정말 매력적일 것이다. 그 관계는 친밀함과 신뢰의 경험 안에서 누군가와 시간을 보내는 것이다. 그 관계는 시간, 에너지, 대화 그리고 타협을 필요로 한다.

로드에게 영향을 받은 포튠은 우리가 "성적이고 정서적으로 받아들이도록" 하는 방법으로 관계 맺는 선택의 중요성을 강조한다. 페미니스트 사상가들은 선택권은 있지만 깊이 있는 감정적 연계가 없는 곳에서 에로틱의 능력을 건설적으로 이론화할 수 없다. 예술가 집단 키스와 텔은(Kiss and Tell)의 유쾌한 문집 『나의 이론에 대한 그의 독백(Her Tongue on My Theory)』에서 우리의 모든 페미니스트 운동 이후 "성에 대한 사회의 증오가 심오해졌다"고 강조했다. 그들은 일상에서 대부분의 사람이 성을 "동성애자의 성관계뿐 아니라 어떠한 성관계도 의심스럽고, 외설적이고, 왜곡되고, 더러운 것"으로 보고 있다고 했다. 성행위는 감정적 관계, 관계적 사랑이라는 맥락 안에서 이루어져야 한다는 페미니스트적 관점에 대해 그들은 다음과 같은 질문을 던졌다. "섹스는 무엇이 그렇게 나쁜가? 어느 누구도 사랑에 빠졌을 때만 섹스해야 한다고 생각하지 않는 것 같다"

만약 로데가 여기 있다면, 내가 그의 작업을 프랭크 브라우닝의 작업 『동성애의 지리학: 성적 자아를 향한 여정(A Queer Geography: Journeys Toward a Sexual Self)』과 연결 지었던 것에 대해 함께 이야기를 나누고 싶다. 브라우닝은 다음과 같이 이야기했다.

나에게 에로틱은 우리가 가질 수 있는 모든 강력한 매력을 의미한다.

> 멘토링과 멘토링을 받는 것, 비현실적인 추리, 지적인 태클, 놀이나 직장에서 노력하는 우정, 정신적 황홀함, 침묵의 슬픔에 사로잡혀 있기, 공동의 적에 대한 폭발적 상호 분노, 우정에 대한 숭고한 사랑.
> 이러한 사랑 중 어떤 것이라도 여자들 혹은 남자들과 일어날 수 있다. 사랑의 어느 것이든 분노, 황홀감, 친구 관계는 우리의 삶을 더욱 복잡하게 하고 얽히게 할 수 있다. 이별할 때 가장 강력하다고 느끼는 사랑은 우리가 가장 존경하거나 가장 큰 열정을 느끼는 사람이 아닐 수도 있다. 만약 내가 먼저 당신에게 내가 게이라고 한다면, 우리의 사랑은 같은 방향으로 움직일 것이다. 만약 내가 당신을 동료로서, 전우로서, 정신적 항해자로서 사랑한다고 말한다면 당신은 나의 퀴어함을 다른 방식으로 알게 될 것이다.

브라우닝은 성적 정체성의 관념에 대해 질문을 던지는 로드의 시각을 확대시킨다. 그의 광범위한 시각은 아직 이름 붙여지지 않았다. "성적 급진성"도 괜찮을 것이고, 아마 "퀴어" 혹은 내가 종종 주장했듯이 "동성애를 지나온 퀴어"라고 할 수도 있을 것이다.

자유로운 방식으로 에로틱과 성에 대해 대화하기 위해 섹슈얼리티를 이론화한 일은 페미니스트 운동 내에서 무거운 침묵의 공간을 만들어 냈다. 우리가 침묵을 깨고 말해야 한다는 로드의 도전을 다시 일깨우지 않고서는 이 침묵에 직면하는 것은 불가능하다. 로드를 넘어서려면 우리는 에로틱의 공간에서 상호 간의 시각에 대해 말할 필요가 있다. 성관계에서는 쾌락, 지속적 열정 그리고 감정적 성장을 조건으로 거는 평등을 요구하지 않는다. 위험을 에로틱하게 하는 것은 지배를 수용하는 것이 아니다. 에로틱은, 특히 성적 영역에서 에로틱은 영적이고 감정적인 자아실현을 이끌어낼 수 있다. 심지어 그것이 시작되는 곳, 욕망이 우리를 데리고 가는 곳이 불완전하고, 불평등하고 잠재적으로 위험할지라도 말이다.

가르치기 ㉛

예언자적 소명으로 가르치기

해가 갈수록 가르치는 일은 예언자적 소명이라는 것을 알게 되었다. 가르치는 일은 우리의 말을 침묵하게 하고, 검열하고 오명을 씌우려는 사람들과 마주했을 때도 우리의 시야와 믿음의 진실성을 지키도록 요구한다. 짐 월리스(Jim Wallis)는 『정치의 정신(The Soul of Politics)』에서 예언자적 소명은 우리가 "진실을 말할 때 대담해지고 사람들이 새로운 가능성을 상상할 수 있도록 하는 대안적 시각을 유지"하도록 요구한다고 주장했다. 가르침에 있어 예언자적 측면은 우리나라에서 가장 인정받지 못한다.

내가 가게 주인, 택시 운전사, 은행원 혹은 줄 서서 기다리는 어떤 사람들에게 내가 하는 일이 무엇일 것 같냐고 물었을 때, 그들은 내가 영어 선생님이라고 말한다. 거의 모든 사람에게 영어 선생님은 중요하다. 그들의 기억력과는 상관없이 학생들이 가장 많이 기억하는 교사이다. 성인이 되어 더는 학교에 가지 않기에 영어교사에 관한 이야기가 나오면 오래된 기억이 떠오른다. 읽고 쓰는 것을 굉장히 어려워했던 기억일 것이다. 또래들 앞에서 큰 소리로 읽어야 했던 당황스러운 일로 기억될 것이다. 종이 위에 빨간색 펜으로 단어 위에 그어진 선 혹은 느낌표에 대한 기억일 수 있다. 때로는 과제를 잘 해냈는지

불안해하고 있을 때, 잘 이해했다고 확인해 주는 영어 선생님의 "잘했어요"라는 글에 대한 기억이다. 혹은 그 기억은 더 심오할지도 모른다. 우리는 언제 처음으로 비판적 의식에 대해 학습했는지, 실존적으로 자기반성을 배웠던 순간을 기억할지도 모르며, 우리의 존재가 완전히 변화할 정도로 심금을 울리면서 파고들었던 최초의 책 읽기를 기억하는 것일지도 모른다.

고등학교 때 내가 가장 좋아했던 영어 선생님은 오래전에 돌아가셨다. 그러나 그에 대한 내 가슴 속 기억은 그와 그의 수업이 나에게 도전이었다는 것이다. 그는 내가 생각하도록 했고 창의성을 발휘할 수 있도록 지지했다. 인종차별 분리지역의 한 가운데에서 자라면서 인종차별이 삶을 변화시키는 그 순간, 흑인 어린이들은 우리 지역에서 나와 주로 백인 교사들이 가르치는 낯설고 지배적인 백인의 세계로 보내졌다. 교사 중 많은 이는 우리를 증오하고 경멸했지만, 흑인 학생들은 정의를 사랑하고 우리가 잘할 수 있다고 믿었던 선생님과 함께 교실에 있을 수 있어서 행운이라고 생각했다. 그런 교실에서 우리는 학습할 기회를 얻었다.

내가 가장 좋아했던 영어 선생님은 중년의 백인이었다. 우리 주변의 인종차별과 백인 우월주의를 거부했기 때문에 그를 "흑인을 사랑하는 사람"으로 생각했다. 그는 교실의 흑인 학생들이 백인 학생들만큼 열정과 열의를 가지고 배울 수 있기를 원했다. 나는 그가 어떻게 인종차별과 인종에 대한 무지, 그리고 인종차별적 잔인성 앞에서 자유의 실천으로 교육을 하게 되었는지에 대해 얼굴을 맞대고 이야기하고 싶다. 나는 그의 따뜻함, 대담함, 도전 의지를 기억한다. 흑인 학생들을 돌보면서 그가 우리의 완전함과 우리 존재의 정당성을 단언한 것을 기억한다. 그리고 가장 중요한 것은 그는 우리가 부끄러움을 느끼지 않게 했다는 것이다.

편견이 만연한 교실에서 교사는 창피를 주는 전략을 잘 사용한다. 창피주기는 비인간적이다. 전국영어교사협의회(the National Council of Teachers of English)는 학술지 『중학교의 목소리(Voices from the Middle)』을 발간하고 있다. "지금 모두 함께: 우리의 다양성을 포용하기" 호에 실린 미셸 페기(Michelle Paige)의 에세이 "책을 넘어서(Going Beyond the Book)"에서 그녀는 다음과 같은 통찰을 나누었다.

> 교사로서 우리의 학생들을 옹호하고, 우리의 학생들이 생산적인 시민이 되도록 힘을 주고, 그들의 권리를 최대한 활용하도록 요구받는다. 교사들은 종종 학생들, 특히 유색인종 학생들의 구조적 그리고 사회적 불평등을 직접 목격한다. 우리가 학생들과 관계를 맺는 방법으로는 그들의 편에서 일하는 것과 부당함에 맞서 싸우는 방법을 가르치는 것이 있다.

사랑받는 교사들, 특히 나를 가르쳤던 영어 선생님들의 가장 중요하고 자유로운 전략은 비판적 사고를 하는 사람이 되도록 학습하게 한 것이었다. 질문하고 판단을 보류하는 동시에 누가, 무엇을, 언제, 어디서, 왜 그리고 어떻게에 대한 답을 함께 고려하는 것이다. 사람들이 나에게 어떻게 유명한 작가이자 지식인인 "벨 훅스"가 될 수 있냐고 물었을 때, 나는 비판적 사고의 중요성에 관해 설명한다. 그리고 비판적 사고를 통해 내가 자란 가정 바깥의 인종차별적이고 성차별적이며 계급 엘리트주의에서 어떻게 살아남을 수 있었는지 설명한다. 그리고 내가 학대, 배신 그리고 버림이 용인되는 가부장적 집안에서 살아남는 데 비판적 사고가 어떻게 도움을 주었는지에 대해 이야기한다.

학생들이 내가 그들에게 가장 바라는 것이 무엇이냐고 물어보면, 그들이 "제2의 훅스"가 되기를 원하지 않는다고 했다. 그들은 나처럼 생각할 필요가 없다. 나의 희망은 그들이 비판적으로 생각하는 것을 배워 자아를 실현하고 자기 결정권을 갖는 것이다. 내가 적극적 학습자가 되도록 격려해 준 영어 선생님에게 찬사를 보내고 칭송하는 것처럼 나는 내 학생들이 과거를 돌아봤을 때, 내가 그들에게 무엇이 중요한지를 찾도록 했고 그들이 아이디어를 가지고 일을 함으로써 그들의 지성을 발전시키도록 가르쳤던 것을 기억했으면 한다.

가르치기 ㉜

실천적 지혜

비판적 사고에 참여했을 때 우리는 정신 의식이 강화되는 풍요롭고 너그러운 혜택을 갖게 된다. 이를 통해 충만하게 잘살 수 있는 능력을 증대시킬 수 있다. 비판적 사상가가 되기로 약속했을 때, 우리는 이미 앎의 방법을 수동적으로 받아들이는 교육 혹은 문화 시스템의 반대편에 자리 잡았다. 비판적 사고를 하는 사람들로서 우리는 자신을 위해 생각하고 우리 자신을 위한 조처를 할 수 있어야 한다. 자기 책임에 대한 주장은 중요한 실천적 지혜다.

비판적 사고와 실천적 지혜 사이의 중요한 연결 고리는 지식은 경험으로부터 분리될 수 없다는 인식에 기반한 이론과 현실의 상호의존적 본성이다. 궁극적으로는 경험을 기반으로 한 지식을 통해 우리가 무엇에 가치를 두는지가 형성되고, 결과적으로 이러한 지식은 우리가 알고 있는 것을 어떻게 이용하는지 뿐만 아니라 우리가 알고 있는 것을 어떻게 알게 되었는지를 만들어 낸다는 인식이 존재한다.

이론과 실천이 결합하는 세상을 창조한다면, 우리는 생각에 자유롭게 참여할 수 있다. 그리고 우리의 사고는 관념적으로 의미 없는 흐름이 아니며, 학문적 관점에서 생각하는 사람들에게만 이용되는 것은 아니다. 내가 비판적으로 생각하는 사람이 된 것은 가부장적이고 역기능 가족을 통해 형성된 트라우마 속에서 살아남는 데 도움을 주었다. 나는 완전히 알고 이해하는 것을 추구했고, 이것은 내 마음의 눈에서 완전한 그림을 그리는 방법을 열어주었다. 그 그림은 단순히 내가 통제할 수 없는 상황에 대한 반응으로 그려진 것이 아니다. 더 큰 틀을 이해하게 되면서 나는 충만한 의식과 연민의 씨앗을 내 안에서 키울 수 있게 되었다.

대중은 지식인들을(비판적 사상가라는 우리가 선택한 천직의 본성에 따라) 정신은 있으나 마음이 없으며, 감정에 좌우되지 않는 사람들이라고 생각한다. 자아와 사물의 본성에 대한 고정개념을 넘어 진실을 찾고자 하는 용기를 추구하는 진정한 지식인은 언제나 연민의 길을 걷는다. 승려이자 교사인 틱낫한은 이렇게 말했다. “연민은 우리가 상상해 낼 수 있는 아이디어나 무엇인가가 아니다. 즉각적인 신체, 말 혹은 정신활동을 일으키는 정신적 현상이다. 이것은 이해에 뿌리를 두고 있다” 영성적 관점에서 연민을 실천하는 일은 다른 이를 위한 공감을 만들어 낸다. 이것은 그들의 생각과 행동에 영향을 주고 정보를 주는 상황에 대한 이해이다. 학문적 관점에서 전체적인 그림을 살펴보고, 동료와 학생들과 함께 생각에 참여하고 의사소통하게 되면, 우리의 의식은 강화하고 연계된다. 서로 능숙하게 연결되고 공감하게 되면 우리의 학습 능력은 향상한다.

비판적 사상가로서 생각하는 즐거움 그리고 항상 평생학습자인 학생으로 남고자 하는 의지를 통해 확인할 수 있듯이, 지식인들은 급진적으로 열린 마음을 가지고 있다. 그리고 마음이 완전히 개방되어 있고, 자각하고 있을 때, 필연적으로 우리 자신을 이해하게 된다. 모든 진실한 지식인들은 진리를 사랑한다. 그렇다고 해서 대부분의 비판적 사상가들이 부여받는 것보다 더 큰 권력과 명성을 얻으려는 의지가 없다거나 이로 인해 타락하지 않을 것이라는 것을 의미하지는 않는다. 다른 사람을 지배하기 위해 지식을 사용하는 것은 왜곡된 지적 추구 행위이다. 분명 보수적이면서 권력의 지배적 관계와 자신을 동일시하는 지식인 또는 학자들이 있다. 그렇다고 해서 그들이 반드시 생각에 대한 열정을 이러한 권력에 종속시킨다는 것은 아니다. 대중이 그들 자신의 학습 과정과 학계 혹은 지식인과의 긍정적인 만남을 통해 아이디어, 이론, 앎에 대한 모든 방법을 더 충만한 삶에 도움이 되도록 사용하는 법을 안다면, 우리 사회에 만연한 전반적인 반지성주의를 변화시킬 수 있을 것이다.

교사 대부분은 지식인이 아니다. 비판적 사고를 하지 않는 교사들이 많다. 중요한 것은 비판적 사고에 참여하기 위해 지적이고 학문적 참여를 할 필요는 없다는 것이다. 누구나 일상에서 생각에 참여할 수 있다. 평범한 사람들은 많은 상황에 직면한다. 그때 깊은 구조를 볼 수 있도록 표면을 넘어 진실을 보아야 한다. 이러한 상황은 대중이 누가, 무엇을, 어디에서, 언제, 어떻게, 왜라는 질문을 생각하게 만들고 그 결과로 비판적 사고의 길을 시작하도록 이끈다. 누구나 마음의 힘을 사용할 수 있고 생각과 실천을 통합할 수 있는 능력이 있다는 것을 받아들일 때, 우리는 비판적 사고가 깊이 있는 앎의 민주적 방법이라는 것을 인정하게 된다. 우리가 살아가는 세계와 삶을 비판적으로 검토하기 시작하면, 진정한 학습을 위해 지속적으로 열린 태도를 가지고 창조와 재창조하고자 하는 의지를 가져야 한다는 실천적 지혜에 도달할 것이다. 그곳은 지식으로 우리를 임파워먼트할 수 있는 급진적으로 투명한 곳이다. 교육자 파울로 프레이리는 이러한 방식으로 지식에 접근함으로써 우리가 "영원한 비판적인 태도"를 발전시킬 수 있다고 주장했다. 우리가 전체적인 그림을 볼 수 있도록 우리의 시각을 넓히고 반성하게 하는 학습은 실천적 지혜의 기본 원칙이다.

충만하고 의식 있는 비판적 사고를 동반한 실천적 지혜는 분명히 지속적으로 놀라운 경험을 가져다줄 것이다. 아이디어로 인해 놀라고, 흥분하고, 영감을 받는 능력은 근본적으로 마음을 여는 실천이다. 교사와 학생이 우리가 학습으로 흥이 나고, 생각과 아이디어에 대해 열광하게 되었을 때, 우리가 사는 세상을 긍정적으로 변화시키는 방법에 대한 지식을 사용할 기회를 얻게 된다. 평생학습에 대한 열정은 비판적 사고에 의해 촉진된다. 이러한 이해에 내재된 실천적 지혜는 생각은 고정되어 있거나 정적이지 않고, 항상 바뀔 수 있다는 것을 기억하도록 도와준다. 그러므로 아이디어는 우리가 놀라움의 감각, 즉 신비로운 힘에 대한 인식을 밝히고 강화할 수 있게 한다.

동시에 지속적으로 지식을 추구하는 윤택한 맥락을 창조하는 데 있어 실천적 지혜는 직관과 정서 지능이 수행하는 중요한 역할을 인식하도록 한다. 확실한 사실과 증거로부터 얻은 지식을 사회적 기술과 결합하는 일은 학습에 대한 실용적 접근이다. 교실 안과 밖에서 효과적으로 지식을 사용함으로써, 우리는 비판적 사고와 유기적인 관계를 형성하게 되며 우리 삶의 모든 영역에서 적용할 수 있게 된다.

찾아보기

역자 소개

이다현

공주대 교육학과에서 평생교육 전공으로 교육학 박사학위를 받았다. 공주대학교와 성공회대학교에 출강 중이다. 일상의 나와 사건을 성찰하고 특히 스스로의 교육 실천을 어떻게 변화시킬 것인가 항상 고민한다. 주요 관심 분야는 여성주의, 시민교육, 비판이론, 지역교육 등이다.

박상옥

현재 공주대학교 교수이며, 미국 펜실베니아 주립대학교에서 박사학위를 취득했다. 서울대학교 교육학과에서 석사 졸업 후 광명시평생학습원에서 근무하면서 지역 주민 특히 여성의 평생학습 및 주체 형성 과정을 보고 배웠으며, 박사 졸업 후 국가평생교육진흥원에서 한국의 평생교육정책을 실행 및 연구할 수 있는 기회를 가졌다. 주요 관심 분야는 학습동아리, 마을교육공동체, 시민교육, 여성주의 교육, 비판적 성인교육론 등이다.

비판적 사고 가르치기 : 실천적 지혜

초판발행 2019년 8월 22일
중판발행 2023년 1월 30일

지은이 bell hooks
옮긴이 이다현·박상옥
펴낸이 노 현

편 집 윤혜경
기획/마케팅 이선경
표지디자인 박현정
제 작 우인도·고철민

펴낸곳 ㈜ 피와이메이트
서울특별시 금천구 가산디지털2로 53 한라시그마밸리 210호(가산동)
등록 2014. 2. 12. 제2018-000080호
전 화 02)733-6771
f a x 02)736-4818
e-mail pys@pybook.co.kr
homepage www.pybook.co.kr
ISBN 979-11-89643-73-7 93370

정 가 14,000원